Hans Görtz, geboren 1924 als viertes Kind Willschau, in einem kleinen Ort im Kreis Glogau (Niederschlesien). Kindheit in Breslau (heute Polen), Ausbildung als Zimmerer im Betrieb seines Vaters Gustav im Jahre 1939, nach dem Kriegseinsatz im Osten und Westen über Einbeck in Hildesheim „gestrandet", Bau eines Eigenheims 1961 in Barienrode und Gründung einer Großfamilie mit neun Kindern und unzähligen Enkelkindern und Urenkeln. Ehrenamtliche Tätigkeiten auf Gemeindeebene und im Sport – Tennis bis ins hohe Alter – ein Rentner mit vielen Freizeitbeschäftigungen. Fernstudium „Literarisches Schreiben" an der Cornelia Goethe Akademie. Gestorben 2016 in Hildesheim im Kreise seiner Familie.

„Leben heißt nicht atmen, sondern handeln; es heißt, sich unserer Organe, unserer Sinne, Fähigkeiten, kurz, sich aller der Teile von uns bedienen, welche uns die Empfindung unseres Daseins verleihen. Nicht der Mensch hat am meisten gelebt, der die höchsten Jahre zählt, sondern der, der sein Leben am meisten empfunden hat."

- Jean-Jacques Rousseau -

Gewidmet in Liebe und Dankbarkeit an unseren Vater, Großvater und Urgroßvater.

Hans Görtz

Kurzgeschichten und Gedichte

in Normalschrift und Sütterlin

FSC
www.fsc.org
MIX
Papier aus verantwortungsvollen Quellen
Paper from responsible sources
FSC® C105338

Bibliografische Information der Deutschen Nationalbibliothek:
Die Deutsche Nationalbibliothek verzeichnet diese Publikation in der Deutschen Nationalbibliografie; detaillierte bibliografische Daten sind im Internet über http://dnb.dnb.de abrufbar.

Herstellung und Verlag:
BoD – Books on Demand, Norderstedt.

ISBN: 978-3-74127-054-3

Inhaltsverzeichnis

Vorwort

Nachdem mein Opa Hans Görtz bereits im Jahr 2009 im zarten Alter von 85 Jahren seine Lebensgeschichte „... auch reiten kann er nicht" veröffentlicht hat (**ISBN-13:** 978-3839115930), wollte er ein zweites Buch schreiben. Sein Wunsch war, Kurzgeschichten in der alten deutschen Sütterlinschrift zu schreiben. Weil er wusste, dass wenige Menschen heute noch diese Schrift beherrschen – ich selber habe sie in der Schule noch gelehrt bekommen, aber natürlich längst vergessen – sollte die Darstellung gegenüber in der heute üblichen lateinischen Schrift, auch Deutsche Normalschrift genannt, erfolgen.

Im Jahr 2012 hat er also angefangen, in kurzen Anekdoten aus seinem Leben Material für sein zweites Werk zu sammeln. Neben der Schwierigkeit, diese Schrift auf dem PC darzustellen, sorgte er sich auch um eine Möglichkeit der Ergänzung, weil er auch nach Veröffentlichung weitere Geschichten schreiben wollte, die der Besitzer des Werkes dann auch ergänzen sollte.

Nun ist mein Opa im Alter von 91 Jahren am 26. Februar 2016 plötzlich und unerwartet an einem Hirnschlag gestorben, noch bevor er sein Buch auf den Weg bringen konnte. Dieses Buch ist daher zum einen die Vollendung seines Wunsches, die Geschichten und Gedichte zu veröffentlichen. Zum anderen ist es eine letzte Erinnerung an einen großartigen Vater, Großvater und Urgroßvater. Wenn neben seinen rund 40 Menschen umfassenden Nachkommen andere Personen Spaß an der Lektüre und dem Kennenlernen der Sütterlinschrift haben, wird er sich sicher von oben freuen.

Brian Roters

Selbstverständlich gibt es im Untertagebergbau eine Hauptstreckenbeleuchtung, selbstverständlich mit Strom. Aber eben nur die Hauptstrecken. Sobald diese Strecke verlassen wird, muss jeder Bergmann eine Karbidlampe zur seiner „Erleuchtung“ benutzen.

Ehe die Schicht beginnt, werden die Lampen ausgegeben – in der Regel mit Karbid aufgefüllt, damit der Bergmann mit einer Füllung für die Dauer der Schicht seinen Weg unter Tage findet. Ohne diese Lampe wäre der Bergmann nicht im Stande den Weg zur und von seiner Arbeitsstelle zu finden. Also ein lebenswichtiges Arbeitsgerät.

Neben seiner wichtigen eben beschriebenen Funktion hat so eine Lampe weitere erfreuliche Aufgaben.

Dazu muss man wissen, dass die meisten Arbeitsstellen nur mit 2 bis 4 Bergleuten besetzt sind. Dies hat zur Folge, dass an jeder Arbeitsstelle eine provisorische Stelle ausgesucht wird, um das notwendige Arbeitsgerät zu lagern und auch die Arbeitspausen abzuhalten. Alle Wege, die zu dieser Stelle führen, lagen damit im Dunkeln. Die Bergleute konnten damit frühzeitig erkennen, ob Besucher kommen. Wenn die Arbeitspausen etwas länger dauerten, war an dem sich nähernden Lichtschein erkennbar, dass entweder schnellstens die Arbeit aufgenommen wurde, oder der Steiger musste informiert werden, dass die Pause später als vorgesehen begonnen hat. Ob der Steiger den Ausführungen Glauben schenkte, sei dahingestellt. Bei den Gedingearbeiten war eine längere Pause nicht von Vorteil, weil dadurch die Höhe des Gedingelohnes negativ beeinflusst wurde.

Im Dunkeln kann man gut Munkeln

Selbstverständlich gibt es im Untertagebergbau eine Hauptstreckenbeleuchtung, selbstverständlich mit Strom. Aber eben nur die Hauptstrecken. Sobald diese Strecke verlassen wird, muß jeder Bergmann eine Karbidlampe zur seiner „Beleuchtung" benützen.

Ehe die Schicht beginnt, werden die Lampen ausgegeben | in der Regel mit Karbid aufgefüllt, damit der Bergmann mit einer Füllung für die Dauer der Schicht der Nutzer seinen Weg unter Tage findet. Ohnediese Lampe wäre der Bergmann nicht im Stan de denWeg zur und von seiner Arbeitsstelle zu finden. Also ein lebenswichtiges Arbeitsgerät.

Neben seiner wichtigen, eben beschriebenen Funktion, hat so eine Lampe weitere wesentliche Aufgaben.

Dazu muß man wissen, daß die meisten Arbeitsstellen nur mit 2 bis 4 Bergleuten besetzt sind. Dies hat zur Folge, daß an jeder Arbeitsstelle eine provisorische Stelle ausgesucht wird, um das notwendige Arbeitsgerät zu lagern und auch die Arbeitspausen abzuhalten. Alle Wege, die zu dieser Stelle führen, lagen damit im Dunkeln. Die Bergleute konnten damit frühzeitig erkennen, ob Besucher kommen. Wenn die Arbeitspausen etwas länger dauerten, war an dem sich nähernden Lichtschein erkennbar, daß entweder schnellstens die Arbeit aufgenommen würde, oder der Steiger müsste informiert werden, daß die Pause später als vorgesehen begonnen hat. Ob der Steiger den Ausführungen Glauben schenkte, sei dahingestellt. Bei den Gedingearbeiten war eine längere Pause nicht von Vorteil, weil dadurch die Höhe des Gedingelohnes negativ beeinflusst würde.

In diesem Zusammenhang ist eine Begebenheit, die ein wenig Licht auf die Geschehnisse der Nachkriegszeit wirft.

Jeder Bergmann hatte für die halbstündige Pause seine Verpflegung von zu Hause mitgebracht. Den Belag des Pausenbrotes bestimmte die Lebensmittelkarte. War diese leer, dann fiel das Brot eher dürftig aus.

Der Hauer Paul packte sein Brot aus und schüttelte seinen Kopf. Mit enttäuschter Miene gab er kund „schon wieder dieser verdammte Schinken, langsam mag ich das Zeug nicht mehr" Die anderen Bergleute konnten sich darüber nur freuen, denn sie kannten diesen Ausspruch. Paul hatte nämlich gar keinen Schinken auf dem Brot, sondern Rote Bete, schön in Scheiben geschnitten.

Wenn es auch nicht dem Wunsche entsprach, so soll es dafür viel gesünder gewesen sein.

In diesem Zusammenhang ist eine Begebenheit, die ein wenig Licht auf die Geschehnisse der Nachkriegszeit wirft.

Jeder Bergmann hatte für die halbstündige Pause seine Verpflegung von zu Hause mitgebracht. Den Belag des Pausenbrotes bestimmte die Lebensmittelkarte. War diese leer, dann fiel das Brot eher dürftig aus.

Der Hauer Paul packte sein Brot aus und schüttelte seinen Kopf. Mit enttäuschter Miene gab er kund „schon wieder dieser verdammte Schinken, langsam mag ich das Zeug nicht mehr" Die anderen Bergleute konnten sich darüber nur freuen, denn sie kannten diesen Ausspruch. Paul hatte nämlich gar keinen Schinken auf dem Brot, sondern Rote Bete, schön in Scheiben geschnitten.

Wenn es auch nicht dem Wunsche entsprach, so soll es dafür viel gesünder gewesen sein.

Im Bergbau allgemein und auch im Kali-Bergbau gibt es eine ganze Menge Schächte. Für Nichtbergleute hier eine nicht vollständige Beschreibung der einzelnen Schachttypen. Da ist erst der Hauptschacht zu nennen. Er ist die Verbindung von Übertage und der Hauptfördersohle. Im hiesigen Werk war dies die 774 m Sohle. Im Gegensatz zum Kaliwerk Giesen haben wir eine fast senkrecht stehende Ader. In Giesen liegt diese flach. Das hat zur Folge, dass in Salzdetfurth auf 624 m eine Abraumsohle existiert, die dazu benutzt wird, die leergeförderten Abbaustellen wieder mit Abraummaterial zu füllen, damit der weitere Abbau des Kalisalzes getätigt werden kann. Die notwendige Verfüllung wird vom Bergamt angeordnet. Durch diese Überprüfung durch das Bergamt wurde sichergestellt, dass die Stabilität der gesamten Anlage garantiert ist. Im Bergbau ist Sicherheit die Nr. 1 aller Maßnahmen, oder sollte es ohne Ausnahmen auch sein.

Also, wie bereits erwähnt, gibt es neben dem Hauptförderschacht, der in Bad Salzdetfurth auch andere Aufgaben erfüllen musste, weitere Schächte. Bis Ende der 50er Jahre wurde der Hauptschacht, als Schacht 1 auch für die Personenfahrt genutzt. Die Untertagemitarbeiter also Hauer, Lehrhauer – natürlich auch die Steiger, Fahrsteiger, Obersteiger, Hauer und Handwerker - konnten den Förderkorb für die Einfahrt zur Hauptfördersohle benutzen.

Für die Abwickelung der Seilfahrt war direkt am Schacht Übertage und auf Schachtsohle 774 m jeweils ein Anschläger verantwortlich. Durch ein festgelegtes Glockensystem wurde der Maschinist über den Stand der Dinge informiert. Dies ist besonders bei Personenfahrten notwendig, weil die Seilfahrt mit Personen wesentlich langsamer stattfinden muss als

Schacht ist Schacht

Im Bergbau allgemein und auch im Kali-Bergbau gibt es eine ganze Menge Schächte. Für Nichtbergleute hier eine nicht vollständige Beschreibung der einzelnen Schachttypen. Da ist erst der Hauptschacht zu nennen. Er ist die Verbindung von Übertage und der Hauptfördersohle. Im hiesigen Werk war dies die 774 m Sohle. Im Gegensatz zum Kaliwerk Giesen haben wir eine fast senkrecht stehende Ader. In Giesen liegt diese flach. Das hat zur Folge, daß in Salzdetfurth auf 624 m eine Abraumsohle existiert, die dazu benutzt wird, die leergeförderten Abbaustellen wieder mit Abraummaterial zu füllen, damit der weitere Abbau des Kalisalzes getätigt werden kann. Die notwendige Verfüllung wird vom Bergamt angeordnet. Durch diese Überprüfung durch das Bergamt wurde sichergestellt, daß die Stabilität der gesamten Anlage garantiert ist. Im Bergbau ist Sicherheit die Nr. 1 aller Maßnahmen, oder sollte es ohne Ausnahmen auch sein.

Also, wie bereits erwähnt, gibt es neben dem Hauptförderschacht, der in Bad Salzdetfurth auch andere Aufgaben erfüllen mußte, weitere Schächte. Bis Ende der 50er Jahre wurde der Hauptschacht, als Schacht 1 auch für die Personenfahrt genutzt. Die Untertagemitarbeiter also Hauer, Lehrhauer (natürlich auch die Steiger, Fahrsteiger, Obersteiger, Hauer und Handwerker - konnten den Förderkorb für die Einfahrt zur Hauptfördersohle benützen.

Für die Abwickelung der Seilfahrt war direkt am Schacht Übertage und auf Schachtsohle 774 m jeweils ein Anschläger verantwortlich. Durch ein festgelegtes Glockensystem wurde der Maschinist über den Stand der Dinge informiert. Dies ist besonders bei Personenfahrten notwendig, weil die Seilfahrt mit Personen wesentlich langsamer stattfinden muß als

dies bei Förderung mit Kipploren der Fall ist.

Ende der 1950er Jahre, wurden Maßnahmen getroffen, den Hauptschacht 1 nur noch für die Förderung einzusetzen. Der bisherige Schacht 3, der damals in erster Linie als Wetterschacht benutzt wurde mit großen Umbaumaßnahmen für seine neuen Aufgaben hergerichtet. Die Waschkaue wurde vergrößert und auf den neuesten Stand gebracht. Auch die Außenanlagen wie Straßen, Parkplätze, Verwaltungsräume wurden für die neuen Aufgaben erneuert. Auch Untertage gab es viel zu tun. In der Nähe des Schachtes wurde eine Brecheranlage angelegt, darin wurde das Kaligestein auf eine bestimmte Größe zermahlen und dann durch einen Großraumkorb nach Übertage gefördert, wo es dann durch ein Förderband zur weiteren Verarbeitung in die Fabrik befördert wurde.

Diese Umstellung diente in erster Linie der Kostenreduzierung und führte zum Rückbau der Lorenseilbahn. Ziel war es, Großraumtransporter an Stelle der Lorenseilbahn für den Transport des Kaligesteins zur Brecheranlage einzusetzen.

Eine große Bohrmaschine mit einem Bohrradius von ca. 6,00 m fräste eine neue Hauptstrecke, um einen reibungslosen Verkehr Untertage sicher zu stellen. So eine gewaltige Umstellung muss bis ins letzte Detail durchgeplant werden, weil ja auch die alte Fördermethode bis zum letzten Moment funktionieren muss, denn ein Ausfall der Förderung durfte in keinem Fall eintreten.

Ich wollte Ihnen ja weiterhin die verschiedenen Schächte, die innerhalb der einzelnen Sohlen notwendig waren, vermitteln. Wie ich schon am Anfang geschrieben habe, gab es die 774 m Sohle = Hauptfördersohle und die 634 m Sohle = Abraumsohle. Dazwischen die Abbaustellen in verschiedenen Ebenen. Alle diese Sohlen mussten erreichbar sein.

dies bei Förderung mit Kipploren der Fall ist.

Ende der 1950er Jahre, wurden Maßnahmen getroffen, den Hauptschacht 1 nur noch für die Förderung einzusetzen. Der bisherige Schacht 3, der damals in erster Linie als Wetterschacht benutzt wurde mit großen Umbaumaßnahmen für seine neuen Aufgaben hergerichtet. Die Waschkaue wurde vergrößert und auf den neuesten Stand gebracht. Auch die Außenanlagen wie Straßen, Parkplätze, Verwaltungsräume wurden für die neuen Aufgaben verändert. Auch Untertage gab es viel zu tun. In der Nähe des Schachtes wurde eine Brecheranlage angelegt, darin wurde das Kaligestein auf eine bestimmte Größe zermahlen und dann durch einen Großraumkorb nach Übertage gefördert, wo es dann durch ein Förderband zur weiteren Verarbeitung in die Fabrik befördert wurde.

Diese Umstellung diente in erster Linie der Kostenreduzierung und führte zum Rückbau der Lorenseilbahn. Ziel war es, Großraumtransporter an Stelle der Lorenseilbahn für den Transport des Kaligesteins zur Brecheranlage einzusetzen.

Eine große Bohrmaschine mit einem Bohrradius von ca. 6,00 m fräste eine neue Hauptstrecke, um einen reibungslosen Verkehr Untertage sicher zu stellen. So eine gewaltige Umstellung muss bis ins letzte Detail durchgeplant werden, weil ja auch die alte Fördermethode bis zum letzten Moment funktionieren muss, denn ein Ausfall der Förderun gdurfte in keinem Fall eintreten.

Ich wollte Ihnen ja weiterhin die verschiedenen Schächte, die innerhalb der einzelnen Sohlen notwendig waren, vermitteln. Wie ich schon am Anfang geschrieben habe, gab es die 774 m Sohle = Hauptfördersohle und die 634 m Sohle = Abraumsohle. Dazwischen die Abbaustellen in verschiedenen Ebenen. Alle diese Sohlen mussten erreichbar sein.

Dafür müssen Möglichkeiten geschaffen werden, um an die Abbaulagerungen mit Maschinen, Wetterung und Personal zu kommen. Zu diesem Zweck werden ca. 2 x 2 m große Schächte geteuft. Wenn alle größeren Maschinen transportiert waren, wurden in diese Schächte Zwischenbühnen eingebaut und mit Fahrten (Leitern) versehen. Ist der Abbau so weit fortgeschritten, dass das Gestein mittels Schrapper zu einem Rolloch gezogen wird, entweder in einem separaten Schacht, oder der vorhandene Fahrschacht wird für diese Aufgabe eingerichtet. Schon aus zeitlichen Gründen muss dafür Sorge getragen werden, dass für den Weg zur Arbeitsstelle nicht viel Zeit verloren geht.

Es würde zu weit führen, einzelne Maßnahmen zu erläutern. Wie in jeden Beruf müssen Arbeitsabläufe optimal auf die jeweiligen Erfordernisse abgestellt sein. Um nähere Informationen zu bekommen, ist ein Besuch des Bad Salzdetfurther Bergbau-Museums anzuraten. Ich verspreche es Ihnen: eine solches Vorhaben gehört zu einem Bad Salzdetfurth–Aufenthalt. Viel Spaß!

Dafür müssen Möglichkeiten geschaffen werden, um an die Abbaulagerungen mit Maschinen, Wetterung und Personal zu kommen. Zu diesem Zweck werden ca. 2 x 2 m große Schächte geteuft. Wenn alle größeren Maschinen transportiert waren, würden in diese Schächte Zwischenbühnen eingebaut und mit Fahrten (Leitern) versehen. Ist der Abbau so weit fortgeschritten, daß das Gestein mittels Schrapper zu einem Rolloch gezogen wird, entwederein einen separaten Schacht, oder der vorhandene Fahrschacht wird für diese Aufgabe eingerichtet. Schon aus zeitlichen Gründen muß dafür Sorge getragen werden, daß für den Weg zur Arbeitsstelle nicht viel Zeit verloren geht.

Es würde zu weit führen, einzelne Maßnahmen zu erläutern. Wie in jedem Beruf müssen Arbeitsabläufe optimal auf die jeweiligen Erfordernisse abgestellt sein. Um nähere Informationen zu bekommen, ist ein Besuch des Bad Salzdetfurther Bergbau-Museums anzuraten. Ich verspreche es Ihnen: eine solches Vorhaben gehört zu einem Bad Salzdetfurth Aufenthalt. Viel Spaß!

Wer alt werden will

Gleich nach der Geburt
fangen die Aufgaben an.
Erst Muttis Brust,
danach ist die Flasche dran.
Kaum ist man daran gewöhnt,
kommt Brei auf den Tisch,
selbst wenn man stöhnt.
Nuckel mit Zucker, oh wie ist das schön,
ich weiß schon – ich soll schlafen gehen.
So gehen die ersten Jahre dahin,
dann Kindergarten, auch das macht Sinn
und hoppla-hops ist man in der Schule drin.
Was sagt uns das fürs weitere Streben,
wer alt werden will, muss lange leben.

Irgendwann geht die Schulzeit zu Ende,
dann entscheidet es sich – Kopf oder Hand.
Wenn Beides stimmt – prima – danach geht's in den Ruhestand.

Darauf musste man lange warten.

Nun ständig Freizeit, vielleicht ein wenig Garten.
Ach ja, jetzt gibt es Zeit für Reisen und Sport.
Aber langsam voran, sonst ist der Nutzen fort.
Was sagt uns das fürs weitere Streben,
wer alt werden will muss lange leben.

Die Zeit geht hin, der Sensenmann steht vor der Tür.
Was willst du hier?
Ich möchte doch rüstig alt werden,
zumindest ist dies mein Streben.
Wenn man mich fragt – ich möchte lange leben.

Wer alt werden will

Gleich nach der Geburt
fangen die Aufgaben an.
Erst Muttis Brust,
danach ist die Flasche dran.
Kaum ist man daran gewöhnt,
kommt Brei auf den Tisch,
selbst wenn man stöhnt.
Nuckel mit Zucker, oh wie ist das schön,
ich weiß schon, ich soll schlafen gehen.
So gehen die ersten Jahre dahin,
dann Kindergarten, auch das macht Sinn
und hoppla-hops ist man in der Schule drin.
Was sagt uns das fürs weitere Streben,
wer alt werden will, muss lange leben.

Irgendwann geht die Schulzeit zu Ende,
dann entscheidet es sich, Kopf oder Hand.
Wenn beides stimmt, prima, danach geht's in den
Ruhestand.

Darauf müsste man lange warten.

Nun ständig Freizeit, vielleicht ein wenig Garten.
Ach ja, jetzt gibt es Zeit für Reisen und Sport.
Aber langsam voran, sonst ist der Nutzen fort.
Was sagt uns das fürs weitere Streben,
wer alt werden will muss lange leben.

Die Zeit geht hin, der Sensenmann steht vor der Tür.
Was willst du hier?
Ich möchte doch rüstig alt werden,
zumindest ist dies mein Streben.
Wenn man mich fragt, ich möchte lange leben.

Meine Entlassung aus der Gefangenschaft war vom Zeitpunkt her äußerst gefährdet. Nach einem Beschluss der englischen Besatzungsmacht sollten alle Soldaten, die im Westen Deutschlands wohnten, vorzeitig entlassen werden. Für alle anderen Wehrmachtsangehörenden gab es noch keine konkreten Pläne, wann auch diese aus der Gefangenschaft entlassen werden sollten. Das hieß auf meine Person bezogen, da meine Heimatadresse Breslau (Schlesien) war und dort ja mit der Abschiebung der deutschen Bewohner begonnen wurde, mit einer kurzfristigen Freistellung nicht zu rechnen.

Also weiter in dem bewachten Gefangenenlager im Bereich von Salzgitter (vormals Hermann-Göring-Stadt) in Weferlingen ausharren, oder die Möglichkeit durch die Angabe der Wohnadresse eines Freundes, die Entlassung zu versuchen. Also gab ich als Heimatadresse Einbeck in Niedersachsen an. Hurra, es klappte – meine Angaben wurden nicht beanstandet und mir wurde die Zusage gegeben, dass ich beim nächsten Transport dabei wäre. Meine Freude dürfte jedem verständlich sein, denn die Zustände auf dem offenen Lagerplatz waren selbst im Sommer nicht unbedingt erstrebenswert. Die Verpflegung war äußerst knapp bemessen und ein Gütesiegel konnte beim besten Willen nicht vergeben werden.

Dazu kam für mich und alle anderen Raucher als Erschwernis hinzu, dass von Tabak oder Zigaretten nichts, aber auch gar nichts zu erwarten war. Die englischen Wachposten waren manchmal so freundlich eine Zigarette nur halb anzurauchen und mit einem Fingerschnipp uns die Reste zuzuschanzen. Die wollten nach meiner Meinung nur beobachten,

Kurz und kurzweilig = die Zeit nach Ende des II Weltkrieges

Meine Entlassung aus der Gefangenschaft war vom Zeitpunkt her äußerst gefährdet. Nach einem Beschluß der englischen Besatzungsmacht sollten alle Soldaten, die im Westen Deutschlands wohnten, vorzeitig entlassen werden. Für alle anderen Wehrmachtsangehörenden gab es noch keine konkreten Pläne, wann auch diese aus der Gefangenschaft entlassen werden sollten. Das hieß auf meine Person bezogen, da meine Heimat=adresse Breslau (Schlesien) war und dort ja mit der Abschiebung der deutschen Bewohner begonnen wurde, mit einer kurzfristigen Freistellung nicht zu rechnen.

Also weiter in dem bewachten Gefangenenlager im Bereich von Salzgitter (vormals Hermann=Göring=Stadt) in Westerlingen ausharren, oder die Möglichkeit durch die Angabe der Wohnadresse eines Freundes, die Entlassung zu versuchen. Also gab ich als Heimatadresse Einbeck in Niedersachsen an. Hurra, es klappte : meine Angaben wurden nicht beanstandet und mir wurde die Zusage gegeben, daß ich beim nächsten Transport dabei wäre. Meine Freude dürfte jedem verständlich sein, denn die Zustände auf dem offenen Lagerplatz waren selbst im Sommer nicht unbedingt erstrebenswert. Die Verpflegung war äußerst knapp bemessen und ein Gütesiegel konnte beim besten Willen nicht vergeben werden.

Dazu kam für mich und alle anderen Raucher als Erschwernis hinzu, daß von Tabak oder Zigaretten nichts, aber auch gar nichts zu erwarten war. Die englischen Wachposten waren manchmal so freundlich eine Zigarette nur halb anzurauchen und mit einem Fingerschnipp uns die Reste zuzuschanzen. Die wollten nach meiner Meinung nur beobachten,

wie wir uns auf diese Reste stürzten, um unsere Gier zu befriedigen. Ihr Gelächter sprach deutliche Worte.

Auf welche absurden Ideen man kommen kann, wenn nichts Rauchbares zur Verfügung stand, sei erwähnt, dass wir Blätter der Rosen als Ersatz benutzt haben. Aber wenn über 1000 Soldaten den gleichen Wunsch hatten, etwas von den Blättern zu ergattern, dann waren die einzelnen Sträucher arg gerupft. Selbst Papier war Mangelware, denn es gab keine Zeitungen, um den „Rosentabak“ einzuwickeln und wenn es ganz schlimm wurde, war nicht mal ein Streichholz zu ergattern.

Heute müssten doch alle Raucher, die dieser Notlage ausgesetzt waren, glücklich sein. Heute steht doch auf jeder Schachtel „Rauchen ist tödlich“ Ob dieser Trost hilft?

Nach gut 14 Tagen auf der Wiese unseres Gefangenenlagers war es dann so weit, dass der Transport nach Einbeck erfolgte.

Die deutsche Bahn, oder sagen wir lieber, die Reste der noch fahrbereiten Wagen, brachte uns erst mal nach Hildesheim. Dann Fußmarsch vom Hauptbahnhof Hildesheim über die Almsstraße, Hoher Weg, Schuhstraße zur damaligen Ziegelei in Ochtersum. Dort konnten wir eine Nacht übernachten. Am nächsten Morgen Abtransport mit LKW nach Einbeck.

Ich muss schon sagen, in Hildesheim sah es nicht besonders schön aus. Eigentlich eine Frechheit hier von Schönheit zu sprechen. Es standen ja kaum noch heile Häuser. Die Schuhstraße war auf 4,00 m Breite freigeräumt, mit beidseitigen Trümmerhalden. Aus heutiger Sicht eine ungeheuer riesige Wiederaufbauleistung.

wie wir uns auf diese Reste stürzten, um unsere Gier zu befriedigen. Ihr Gelächter sprach deutliche Worte.

Auf welche abstruse Ideen man kommen kann, wenn nichts Rauchbares zur Verfügung stand, sei erwähnt, daß wir Blätter der Rosen als Ersatz benützt haben. Aber wenn über 1000 Soldaten den gleichen Wunsch hatten, etwas von den Blättern zu ergattern, dann waren die einzelnen Sträucher weg gerupft. Selbst Papier war Mangelware, denn es gab keine Zeitungen, um den „Rosentabak" einzuwickeln und wenn es ganz schlimm wurde, war nicht mal ein Streichholz zu ergattern.

Heute müßten doch alle Raucher, die diese Notlage ausgesetzt waren, glücklich sein. Heute steht doch auf jeder Schachtel „Rauchen ist tödlich" Ob dieser Trost hilft?

Nach gut 14 Tagen auf der Wiese unseres Gefangenenlagers war es dann so weit, daß der Transport nach Einbeck erfolgte.

Die deutsche Bahn, oder sagen wir lieber, die Reste der noch fahrbereiten Wagen, brachte uns erst mal nach Hildesheim. Dann Fußmarsch vom Hauptbahnhof Hildesheim über die Almsstraße, Hoher Weg, Schuhstraße zur damaligen Ziegelei in Ochtersum. Dort konnten wir eine Nacht übernachten. Am nächsten Morgen Abtransport mit LKW nach Einbeck.

Ich muß schon sagen, in Hildesheim sah es nicht besonders schön aus. Eigentlich eine Frechheit hier von Schönheit zu sprechen. Es standen ja kaum noch heile Häuser. Die Schuhstraße war auf 4,00 m Breite freigeräumt, mit beidseitigen Trümmerhalden. Aus heutiger Sicht eine ungeheure riesige Wiederaufbauleistung.

Möge die Einsicht, dass sich für keine Seite ein Krieg lohnt und für alle Verantwortung tragenden Regierungen die wichtigste Prämisse sein – Nie wieder Krieg –

Wir in Deutschland sind mittlerweile wieder in der Spitzengruppe der Waffenhersteller und Verkäufer von Kriegsgerät. Leider!

Morgen die Einsicht, daß sich für keine Seite ein Krieg lohnt und für alle Verantwortung tragenden Regierungen die wichtigste Prämisse sein „Nie wieder Krieg“

Wir in Deutschland sind mittlerweile wieder in der Spitzengruppe der Waffenhersteller und Verkäufer von Kriegsgerät.
Leider!

Nun zu etwas Erfreulichem!

Das war auch in meiner schlesischen Heimat ein alter Brauch. Ich weiß nicht ob man beim Kuchenbacken von einem Brauch sprechen kann – ist auch unwichtig. Wichtig war in diesem Zusammenhang, dass viele Familien bei Feiern aller Art den berühmten schlesischen Streuselkuchen – auf schlesisch – Streuslakucha – auf großen Kuchenblechen in der heimischen Küche vorbereiteten, um die bei Hefekuchen üblichen Wartezeiten einzuhalten.

Da hatte jede Hausfrau auch ihre eigenen Erfahrungen. Das gesamte Programm musste stimmen. Da war nicht nur der Hefeteig wichtig, sondern die Streusel-Zubereitung setzte dem Backwerk die besondere Krone auf.

Jede Familie hatte so ihre Besonderheiten. Da kam zwischen Kuchenboden und Streuselbelag noch Pudding in vielen Geschmacksrichtungen. Die Streusel üppig aus Mehl und viel Butter hergestellt, mit Zimt, Mandeln und Nüssen verfeinert, ergaben dann das fertige Produkt.

Natürlich fehlte nur noch etwas Wichtiges. Es musste noch gebacken werden. Das Backen besorgte der nächstgelegene Bäckermeister. Also musste der zu Hause vorbereitete Kuchen, auf Backblechen zum Bäcker gebracht werden.

Als ich die notwendige Größe und kräftige Statur erreicht hatte durfte ich mit weiteren Familienmitgliedern den Transport des wahrlich nicht leichten Kuchens vornehmen. In meinem Falle hatten wir eine ca. einen Kilometer weite Wegstrecke zu überwinden.

Kuchenbacken

Nun zu etwas Erfreulichem!
Das war auch in meiner schlesischen Heimat ein alter Brauch. Ich weiß nicht ob man beim Kuchenbacken von einem Brauch sprechen kann , ist auch unwichtig. Wichtig war in diesem Zusammenhang, daß viele Familien bei feiner alter Art den berühmten schlesischen Streuselkuchen , auf schlesisch , Streuselkucha , auf großen Kuchen=blechen in der heimischen Küche vorbereiteten, um die bei Hefekuchen üblichen Wartezeiten einzuhalten.

Da hatte jede Hausfrau auch ihre eigenen Erfahrungen. Das gesamte Programm mußte stimmen. Da war nicht nur der Hefeteig wichtig, sondern die Streusel=Zubereitung setzte dem Backwerk die besondere Krone auf.

Jede Familie hatte so ihre Besonderheiten. Da kam zwischen Kuchenboden und Streuselbelag noch Pudding in vielen Geschmacksrichtungen. Die Streusel üppig aus Mehl und viel Butter hergestellt, mit Zimt ,Mandeln und Nüssen verfeinert, ergaben dann das fertige Produkt.

Natürlich fehlte nur noch etwas Wichtiges. Es mußte noch gebacken werden. Das Backen besorgte der nächstgelegenen Bäckermeister. Also mußte der zu Hause vorbereitete Kuchen, auf Backblechen zum Bäcker gebracht werden.

Als ich die notwendige Größe und kräftige Statur erreicht hatte durfte ich mit weiteren Familienmitgliedern den Transport des wahrlich nicht leichten Kuchens vornehmen. In meinem Falle hatten wir eine ca. einen Kilometer weite Wegstrecke zu überwinden.

Wenn kein kleiner Handwagen zur Verfügung stand, mussten die Bleche unter den Arm geklemmt werden. Um es auf den Punkt zu bringen, es war gar nicht so einfach die nötigen Helfer aufzutreiben, zumindest für den Transport zur Bäckerei.

Das sah am Nachmittag natürlich ganz anders aus. Von dem fertig gebackenen Streuselkuchen ging ein Duft aus, der so intensiv war, dass das Verlangen so übermächtig wurde, doch für den Rückweg eine kleine Stärkung einzunehmen. Die Ränder des Kuchens, super gut, mit einem kräftigen bräunlichen Ton ausgebacken, noch ein wenig Wärme ausstrahlend, luden zum Probieren ein. Die Folgen des Probierens waren leider nicht so schön zum Anschauen. Wenn man es nicht besser wüsste, könnte die Vermutung Raum greifen, dass einige Mäuse daran geknappert hatten.

Die Vermutung, unsere Mutter würde den Transporteuren einen gehörigen Marsch blasen, weil ihr schöner Streuselkuchen so verunstaltet wurde, hielt sich in Grenzen. Zum einen war es nicht mehr zu ändern und zum anderen sah es in den vergangenen Jahren genauso aus. Es wäre ja auch furchtbar gewesen, wenn der Eindruck entstanden wäre, uns schmeckt der Kuchen nicht. Und so ein Urteil wäre für die viele Arbeit, die hinter der ganzen Aktion steckt nicht gerecht gewesen.

Nun ist es in der Regel so, dass jede – ich betone – jede Hausfrau immer etwas mehr erzeugt, als es unter normalen Ablauf nötig wäre. Es blieb also mehr, manchmal weniger übrig.

Wer gute Zutaten verwendet, kann Reste eines Streuselkuchens noch viele Tage nachher verwenden. Sicher wird der Kuchen härter, aber dies ist kein Grund, die Reste nicht zu verwenden.

Wenn kein kleiner Handwagen zur Verfügung stand, mußten die Bleche unter den Arm geklemmt werden. Um es auf den Punkt zu bringen, es war gar nicht so einfach die nötigen Helfer aufzutreiben, zumindest für den Transport zur Bäckerei.

Das sah am Nachmittag natürlich ganz anders aus. Von dem fertig gebackenen Streuselkuchen ging ein Duft aus, der so intensiv war, daß das Verlangen so übermächtig wurde, doch für den Rückweg eine kleine Stärkung einzunehmen. Die Ränder des Kuchens, super gut, mit einem kräftigen bräunlichen Ton ausgebacken, noch ein wenig Wärme ausstrahlend, luden zum Probieren ein. Die Folgen des Probierens waren leider nicht so schön zum Anschauen. Wenn man es nicht besser wüßte, könnte die Vermutung Raum greifen, daß einige Mäuse daran geknappert hatten.

Die Vermutung, unsere Mutter würde den Transporteuren einen gehörigen Marsch blasen, weil ihr schöner Streuselkuchen so verunstaltet wurde, hielt sich in Grenzen. Zum einen war es nicht mehr zu ändern und zum anderen sah es in den vergangenen Jahren genauso aus. Es wäre ja auch furchtbar gewesen, wenn der Eindruck entstanden wäre, uns schmeckt der Kuchen nicht. Und so ein Urteil wäre für die viele Arbeit, die hinter der ganzen Aktion steckt nicht gerecht gewesen.

Nun ist es in der Regel so, daß jede ‚ ich betone ‚ jede Hausfrau immer etwas mehr erzeugt, als es unter normalen Ablauf nötig wäre. Es blieb also mehr, manchmal weniger übrig.

Wer gute Zutaten verwendet, kann Reste eines Streuselkuchens noch viele Tage nachher verwenden. Sicher wird der Kuchen härter, aber dies ist kein Grund, die Reste nicht zu verwenden.

Meine Mutter war darin nicht zu übertreffen. Der Kuchenstreifen kam in die Kaffeetasse, sog sich mit der Flüssigkeit voll und schmeckte wie am ersten Tag. In Schlesien hieß dieser Vorgang: der Kuchen wurde geditscht.

Mein Erstaunen war groß, dass auch in meiner neuen Heimat in Bad Salzdetfurth, diese Prozedur genau so gehandhabt wurde.

Unser Bäcker war der Meister Gerbes aus Wehrstedt.

Meine Mutter war darin nicht zu übertreffen. Der Kuchenstreifen kam in die Kaffeetasse, sog sich mit der Flüssigkeit voll und schmeckte wie am ersten Tag. In Schlesien hieß dieser Vorgang: der Kuchen wurde geditscht.

Mein Erstaunen war groß, daß auch in meiner neuen Heimat in Bad Salzdetfurth, diese Prozedur genau so gehandhabt wurde.

Unser Bäcker war der Meister Gerbes aus Wehrstedt.

eingesandt von Luzie Hübel-Schupp

Vor kurzem schrieb mir der Rübezahl
aus einem Lande „Es war einmal".
Er kann es bis heute noch nicht fassen,
dass wir ihn alle mussten verlassen,
dass wir fort sind damals mit Pferd und Wagen,
mit Koffern und Rucksack voll beladen.

Später kamen andere Leute zu ihm hinaus,
die sahen genauso wie wir auch aus.
Doch wenn sie sprachen, oh jemine,
das tat seinen alten Ohren weh.
Da kriegte er die Wut, legte sich rein in die Kissen,
zog die Decke über die Ohren
und wollte von der Welt nichts mehr wissen!

Er hat lange geschlafen, dann ist er erwacht,
setzte die Brille auf die Nase,
hat sein Land so betracht':
was er sah, ließ ihn schaudern
und er hat gedacht:
„Was habt ihr aus meinem schönen Schlesien gemacht?
Die Häuser zerfallen, die Zäune verrottet,
überall Unkraut an allen Orten.
Außer paar Kirchen ist nichts mehr schön!"

Er wollte schon wieder ins Bett hineingehn,
da sah er drei Busse den Berg raufschnaufen.
„Viele Menschen stiegen aus und kamen gelaufen.
Sie kamen zu ihm in großer Zahl!
und riefen freudig: „Grüß Dich Rübezahl!"

Gedicht vom Rübezahl

eingesandt von Luzie Hübel=Schütz

Vor kurzem schrieb mir der Rübezahl
aus einem Lande „Es war einmal".
Er kann es bis heute noch nicht fassen,
daß wir ihn alle mußten verlassen,
daß wir fort sind damals mit Pferd und Wagen,
mit Koffern und Rucksack voll beladen.

Später kamen andere Leute zu ihm hinaus,
die sahen genauso wie wir auch aus.
Doch wenn sie sprachen, oh jemine,
das tat seinen alten Ohren weh.
Da kriegte er die Wut, legte sich rein in die Kissen,
zog die Decke über die Ohren
und wollte von der Welt nichts mehr wissen!

Er hat lange geschlafen, dann ist er erwacht,
setzte die Brille auf die Nase,
hat sein Land so betracht':
was er sah, ließ ihn schaudern
und er hat gedacht:
„Was habt ihr aus meinem schönen Schlesien gemacht?
Die Häuser zerfallen, die Zäune verrottet,
überall Unkraut an allen Orten.
Außer paar Kirchen ist nichts mehr schön!"

Er wollte schon wieder ins Bett hineingehn,
da sah er drei Busse den Berg raufschnaufen.
„Viele Menschen stiegen aus und kamen gelaufen.
Sie kamen zu ihm in großer Zahl!
und riefen freudig: „Grüß dich Rübezahl!"

Er hörte viele Worte wie: „Mein Gott, ist das schön,
wie lange habe ich die Heimat nicht mehr gesehn."

Sie schauten sich suchend in seinem Reich um
und waren vor lauter Glück ganz stumm.
Da hat der Rübezahl sich abgewandt,
erst hat er geschluckt, dann hat er geflennt.
Doch er beruhigte sich schnell,
er klatschte in die Hände — 1–2–3
kamen eilends all seine Zwerge herbei.
Die lachten und schwabbelten
und waren vor Freude ganz rot:
sie hatten jahrzehntelang Ausgangsverbot!
Gegen Abend hörten sie Lieder
nach altbekannter Weise,
da summten alle mit — aber ganz leise.

Als die Sonne unterging in den Bergen,
da fuhren sie fort, die Natzlas und Lergen.
Ihre Hände winkten noch lange auf und nieder
und sie riefen: „Rübezahl, wir kommen wieder!"
„Auf Wiedersehn" schrien die Zwerge,
das schallte noch lange durch die Berge.
Da schmunzelte der Alte: „Die Welt ist schön,
ich habe meine Schlesier wiedergesehn!"

Jetzt ist es aus mit dem Schlafen,
er darf auch nicht mehr träumen,
kann die Ankunft der Nächsten nicht versäumen!
Er schreibt, er lässt grüßen
und er verspricht es Euch in die Hand:
Er wird weiter wachen über sein Land!

Er hörte viele Worte wie: „Mein Gott, ist das schön,
wie lange habe ich die Heimat nicht mehr gesehen."

Sie schauten sich suchend in seinem Reich um
und waren vor lauter Glück ganz stumm.
Da hat der Rübezahl sich abgewandt,
erst hat er geschluckt, dann hat er geflennt.
Doch er beruhigte sich schnell,
er klatschte in die Hände o 1|2|3
kamen eilends all seine Zwerge herbei.
Die lachten und schwabbelten
und waren vor Freude ganz rot:
sie hatten jahrzehntelang Ausgangsverbot!
Gegen Abend hörten sie Lieder
nach altbekannter Weise,
da summten alle mit o aber ganz leise.

Als die Sonne unterging in den Bergen,
da fuhren sie fort, die Matzlas und Bergen.
Ihre Hände winkten noch lange auf und nieder
und sie riefen: „Rübezahl, wir kommen wieder!"
„Auf Wiedersehn" schrein die Zwerge,
das schallte noch lange durch die Berge.
Da schmunzelte der Alte: „Die Welt ist schön,
ich habe meinen Schlesier wiedergesehen!"

Jetzt ist es aus mit dem Schlafen,
er darf auch nicht mehr träumen,
kann die Ankunft der Menschen nicht versäumen!
Er schreibt, er lässt grüßen
und er verspricht es euch in die Hand:
Er wird weiter wachen über sein Land!

Wir alle grüßen Schlesien
mit seinen Bergen ohne Zahl
und wir rufen ihm zu:
„Mach's gut, lieber, alter Rübezahl“

Wir alle grüßen Schlesien
mit seinen Bergen ohne Zahl
und wir rufen ihm zu:
„Mach's gut, lieber, alter Rübezahl“

Im Januar 1946 zog ich von Salzderhelden nach Bad Salzdetfurth. Dreimal dürfen sie raten – warum?, genau – ich zog zu meiner Verlobten.

Beschäftigung fand ich im Kaliwerk und wer Untertage als Bergmann arbeiten durfte, hatte Anrecht auf eine Schwerstarbeiterlebensmittelkarte. Im Besitz dieser Karte bekam man größere Kontingente als ein Normalverbraucher. Nun bedeutete es noch lange nicht, dass man auch die gewünschten Lebensmittel bekam. Da musste man schon auf der Hut sein, wo und wann es etwas zum Kaufen gab.

Ich möchte einmal das Brot in den Vordergrund stellen. Wenn man also das Glück hatte, bekam man eine Portion davon im „Salze" also Bad Salzdetfurth. Aber eben nur wenn man Glück hatte. Hier wurde und auch jetzt noch in erster Linie das Gersterbrot gegessen. War natürlich ständig ausverkauft. Die Alternativen, wenn man wieder einmal zu spät kam, war Maisbrot. Um es ehrlich zu sagen, wenn der Zwang, also der Hunger nicht gewesen wäre, hätten wir gern auf Maisbrot verzichtet. Kartoffeln als Brotersatz, ist auch nicht das Wahre.

Dieses besagte Maisbrot gab es bei einem Bäcker in Sehlem. Das liegt von Bad Salzdetfurth ca. 6 bis 7 Km entfernt. Das war schon eine ganz schöne Wegstrecke. Es kam noch dazu, dass es ja keine Garantie gab, ob es überhaupt zum Verkauf zur Verfügung stand. Heute würde man zum Handy oder Telefon greifen und beim Bäcker nachfragen, ob noch Brot zum Verkauf zur Verfügung stand. – Fehlanzeige -. Nur diese Dinge gab es noch sehr wenige, bzw. noch gar nicht. Mit anderen Worten, man musste zu Fuß gehen oder das Fahrrad benutzen, um den Tatbestand

Brot nach dem Kriege

Im Januar 1946 zog ich von Salzderhelden nach Bad Salzdetfurth. Dreimal dürfen sie raten - warum?, genau - ich zog zu meiner Verlobten.

Beschäftigung fand ich im Kaliwerk und wer Untertage als Bergmann arbeiten durfte, hatte Anrecht auf eine Schwerstarbeiterlebensmittelkarte. Im Besitz dieser Karte bekam man größere Kontingente als ein Normalverbraucher. Nun bedeutete es noch lange nicht, daß man auch die gewünschten Lebensmittel bekam. Da mußte man schon auf der Hut sein, wo und wann es etwas zum Kaufen gab
.

Ich möchte einmal das Brot in den Vordergrund stellen. Wenn man also das Glück hatte, bekam man eine Portion davon im „Salze" also Bad Salzdetfurth. Aber eben nur wenn man Glück hatte. Hier wurde und auch jetzt noch in erster Linie das Gersterbrot gegessen. War natürlich ständig ausverkauft. Die Alternativen, wenn man wieder einmal zu spät kam, war Maisbrot. Um es ehrlich zu sagen, wenn der Zwang, also der Hunger nicht gewesen wäre, hätten wir gern auf Maisbrot verzichtet. Kartoffeln als Brotersatz, ist auch nicht das Wahre.

Dieses besagte Maisbrot gab es bei einem Bäcker in Sehlem. Das liegt von Bad Salzdetfurth ca. 6 bis 7 km entfernt. Das war schon eine ganz schöne Wegstrecke. Es kam noch dazu, daß es ja keine Garantie gab, ob es überhaupt zum Verkauf zur Verfügung stand. Heute würde man zum Handy oder Telefon greifen und beim Bäcker nachfragen, ob noch Brot zum Verkauf zur Verfügung stand. - Fehlanzeige =.
Nur diese Dinge gab es noch sehr wenige, bzw. noch gar nicht. Mit anderen Worten, man mußte zu Fuß gehen oder das Fahrrad benützen, um den Tatbestand

zu erkunden.

Eins gab es auch damals schon und das war das schlechte Wetter. Im Sommer noch einigermaßen beherrschbar, im Winter bei Kälte und Schnee sah die Sache schon anders aus. Dazu kommt, dass das Winterwetter damals irgendwie härter war und auch länger dauerte. Zumindest war das Empfinden so.

Ganz langsam wurde die Versorgungslage besser, die positiven Einkaufschancen nahmen zu.

Ich glaube, jeder von der damaligen Generation konnte sich über Kleinigkeiten noch freuen und seien die Fortschritte noch so klein. Ich frage mich allen Ernstes, haben wir das Zufriedensein verlernt?

Heute gibt es alles zu kaufen. Die Lager sind voll, nur ob der Geldbeutel immer mitspielt, sei dahingestellt.

Ich habe ein großes Verständnis für die Ärgernisse, die dadurch entstehen, dass ein immer größer werdender Kreis von Mitbürgern mit dem geldwertigen Ertrag ihrer Arbeitsleistung nicht zufrieden ist. Darüber müsste sich die Wirtschaft und die Politik ernsthaft Gedanken machen. Ich persönlich habe meine Zweifel, ob der Mindestlohn die einzige Lösung des Problems darstellt.

Beckenbauer sagt: Schauen wir mal!

zu erkunden.

Eins gab es auch damals schon und das war das schlechte Wetter. Im Sommer noch einigermaßen beherrschbar, im Winter bei Kälte und Schnee sah die Sache schon anders aus. Dazu kommt, daß das Winterwetter damals irgendwie härter war und auch länger dauerte. Zumindest war das Empfinden so.

Ganz langsam wurde die Versorgungslage besser, die positiven Einkaufschancen nahmen zu.

Ich glaube, jeder von der damaligen Generation konnte sich über Kleinigkeiten noch freuen und seien die Fortschritte noch so klein. Ich frage mich allen Ernstes, haben wir das Zufriedensein verlernt?

Heute gibt es alles zu kaufen. Die Lager sind voll, nur ob der Geldbeutel immer mitspielt, sei dahin=gestellt.

Ich habe ein großes Verständnis für die Ärgernisse, die dadurch entstehen, daß ein immer größer werden=der Kreis von Mitbürgern mit dem gegenwärtigen Ertrag ihrer Arbeitsleistung nicht zufrieden ist. Darüber müßten sich die Wirtschaft und die Politik ernsthaft Gedanken machen. Ich persönlich habe meinen Zweifel, ob der Mindestlohn die einzige Lösung des Problems darstellt.

Beckenbauer sagt: 'Schauen wir mal!

Meine Nachkriegszeit erlebte ich in Bad Salzdetfurth und wohnte mit meiner Frau bei meinen Schwiegereltern. Ein Schlafzimmer, ein kleiner Nebenraum, der dann als Ersatzküche umgebaut und eingerichtet wurde. Dies war schon alles, was uns jungem Ehepaar zur Verfügung stand. Die normale große Küche und auch das Wohnzimmer wurden gemeinsam benutzt.

Aber es gab noch etwas zur gemeinsamen Nutzung. Mein Schwiegervater und auch ich waren starke Raucher und an Tabak heran zu kommen, war gleich null. Also machten wir es wie viele anderer Raucher, wir bauten uns im angrenzenden Garten Tabakpflanzen an. Ich weiß heute nicht mehr, woher wir die Saat, beziehungsweise die Pflanzen herhatten.

Wir hatten von diesem kostbaren Gut auch einige Beete bepflanzt und harrten der Dinge, wie dies wohl enden würde. Die Ausbeute war hervorragend und wir mussten uns langsam Gedanken machen, wie unsere Ernte behandelt werden sollte.

Zu dieser Zeit gab es viele Experten, oder solche, die es sein wollten. Da waren ja viele Dinge, die man berücksichtigen sollte. Je größer die Zahl der Kundigen war, umso größer waren die verschiedenen Antworten

Der beste Zeitpunkt der Ernte war kaum strittig. Man konnte ja sehen, dass im unteren Bereich der Pflanzen täglich mehr Blätter fehlten. „Was die Mehrheit tut, wird ja wohl in Ordnung sein, also brachen wir die großen Tabakblätter ab und brachten diese auf den Dachboden. Die offenen Giebelfenster sorgten für den nötigen Durchzug und nach einiger Zeit sah man wie sich die bisher grünen Blätter leicht ins Braune einfärbten.

Die Tabakanbauer

Meine Nachkriegszeit erlebte ich in Bad Salzdetfurth und wohnte mit meiner Frau bei meinen Schwiegereltern. Ein Schlafzimmer, ein kleiner Nebenraum, der dann als Ersatzküche umgebaut und eingerichtet wurde. Dies war schon alles,was uns jungem Ehepaar zur Verfügung stand. Die normale große Küche und auch das Wohnzimmer wurden gemeinsam benutzt.

Aber es gab noch etwas zur gemeinsamen Nutzung. Mein Schwiegervater und auch ich waren starke Raucher und an Tabak heran zu kommen, war gleich null. Also machten wir es wie viele andere Raucher, wir bauten uns im angrenzende nGartenTabakpflanzen an. Ich weiß heute nicht mehr , woher wir die Saat, beziehungsweise die Pflanzen erhalten.

Wir hatten von diesem kostbaren Gut auch einige Beete bepflanzt und harrten der Dinge, wie dies noch werden würde. Die Ausbeute war hervorragend und wir mussten uns langsam Gedanken machen, wie unsere Ernte behandelt werden sollte.

Zu dieser Zeit gab es viele Experten, oder solche, die es sein wollten. Da waren ja viele Dinge, die man berücksichtigen sollte. Je größer die Zahl der Kundigen war, umso größer waren die verschiedenen Antworten

Der beste Zeitpunkt der Ernte war kaum strittig. Man konnte ja sehen, daß im unteren Bereich der Pflanzen täglich mehr Blätter fehlten. „Was die Mehrheittut, wird ja wohl in Ordnung sein, also brachen wirdie großen Tabakblätter ab und brachten diese auf den Dachboden. Die offenen Giebelfenster sorgten für den nötigen Durchzug und nach einiger Zeit sah man wie sich die bisher grünen Blätter leicht ins Braune einfärbten.

Es nahm aber trotzdem eine längere Zeitspanne in Anspruch, sehr zum Ärgernis der Raucher, die mit Sehnsucht auf die braunen Blätter warteten. Es war deshalb gar nicht so verwunderlich, dass man das Warten abkürzen wollte.

Alle Vorschläge kamen zur Sprache. Schnell war man sich einig, den kürzesten Weg der Trocknung auszuführen. Wir gingen auf den Hausboden und suchten uns einige Blätter aus, um mit diesen die Möglichkeit der schnellen Trocknung auszutesten.

In unserer gemeinsamen Küche stand ein großer Küchenherd mit Holz – und Kohlefeuerung. Eine Seite dieses Herdes hatte einen Aufbau, der der Erhitzung eines Kessels diente. Neben der Erzeugung von Warmwasser übernahm er auch die Funktion eines Backofens. Auf die dort vorhandenen Bleche legten wir unsere Tabakblätter zum Trocknen aus. Damit begann die Tragödie, die erste Füllung war dermaßen eingetrocknet, dass wir nur noch Krümel entnehmen konnten. Um die kostbare Ware nicht wegwerfen zu müssen, wickelten wir die Tabakkrümel in Zeitungspapier und versuchten, die Zigaretten-ähnlichen Erzeugnisse zu rauchen. Meine heutige Erinnerung – es schmeckte furchtbar.

Weitere Versuche brachten zum Teil bessere Ergebnisse, aber so richtig zufriedenstellend war das alles nicht. Zu allen diesen Pannen kam noch dazu, dass einige Experten dringend anraten, die bräunlichen, getrockneten Blätter zu fermentieren. Dann sollte der Tabak sehr gut schmecken – sagte man -. Nur gab es auch da wieder die verschiedenen Verfahren, um ein Höchstmaß des Geschmackes heraus zu holen.

Da sollte man die Tabakblätter zusammenrollen, in Papier (möglichst Butterbrotpapier) einpacken und in einen Misthaufen legen.

Es nahm aber trotzdem eine längere Zeitspanne in Anspruch, sehr zum Ärgernis der Raucher, die mit Sehnsucht auf die braunen Blätter warteten. Es war deshalb gar nicht so verwunderlich, daß man das Warten abkürzen wollte.

Alle Vorschläge kamen zur Sprache. Schnell war man sich einig, den kürzesten Weg der Trocknung auszuführen. Wir gingen auf den Hausboden und suchten uns einige Blätter aus, um mit diesen die Möglichkeit der schnellen Trocknung auszutesten.

In unserer gemeinsamen Küche stand ein großer Küchenherd mit Holz - und Kohlefeuerung. Eine Seite jenes Herdes hatte einen Aufbau, der der Erhitzung eines Kessels diente. Neben der Erzeugung von Warmwasser übernahm er auch die Funktion eines Backofens. Auf die dort vorhandenen Bleche legten wir unsere Tabakblätter zum Trocknen aus. Damit begann die Tragödie, die erste Füllung war dermaßen eingetrocknet, daß wir nur noch Krümel entnehmen konnten. Um die kostbare Ware nicht wegwerfen zu müssen, wickelten wir die Tabak=krümel in Zeitungspapier und versuchten, die ziga=retten=ähnlichen Erzeugnisse zu rauchen. Meine heu=tige Erinnerung - es schmeckte furchtbar.

Weitere Versuche brachten zum Teil bessere Ergebnisse, aber so richtig zufriedenstellend war das alles nicht. Zu allen diesen Pannen kam noch dazu, daß einige Experten dringend anrieten, die bräunlichen, getrockneten Blätter zu fermentieren. Dann sollte der Tabak sehr gut schmecken - sagte man =. Nur gab es auch da wieder die verschiedenen Verfahren, um ein Höchstmaß des Geschmackes heraus zu holen.

Da sollte man die Tabakblätter zusammenrollen, in Papier (möglichst Butterbrotpapier) einpacken und in einen Misthaufen legen.

Gut zudecken, um die Wärme und den Duft auf die Tabakblätter einwirken zu lassen. So schlimm, wie dies auf den ersten Blick erscheint, war es eigentlich nicht. Tabak ist ja ein Genussmittel, na gut, unterlassen wir an dieser Stelle die Beurteilung dieses Verfahrens. Ich habe noch viele andere Versuche durchgeführt und erlebt.

Das Einzige, was zuverlässig war, dass unser Vorrat an Tabakblättern immer kleiner wurde. Aber es nahte die Erlösung. Die Produktion von Zigaretten, Zigarren und Tabak wurde verstärkt und damit waren wir armen Raucher wieder in der Lage, die entsprechenden Produkte einzukaufen.

Fazit – Rauchen kann tödlich sein – deshalb besteuert der Staat den Tabakgenuss. – muss er auch! – Als treusorgender Finanzminister kann er nur von den Lebenden Steuern kassieren. Eigentlich etwas komisch, Tabaksteuer wird erhoben, solange bis alle Raucher vernichtet sind. Also schauen wir mal.

Gut zudecken, um die Wärme und den Duft auf die Tabakblätter einwirken zu lassen. So schlimm, wie dies auf den ersten Blick erscheint, war es eigentlich nicht. Tabak ist ja ein Genussmittel, na gut, unterlassen wir an dieser Stelle die Beurteilung dieses Verfahrens. Ich habe noch viele andere Versuche durchgeführt und erlebt.

Das Einzige, was zuverlässig war, daß unser Vorrat an Tabakblättern immer kleiner wurde. Aber es nahte die Erlösung. Die Produktion von Zigaretten, Zigarren und Tabak wurde verstärkt und damit waren wir armen Raucher wieder in der Lage, die entsprechenden Produkte einzukaufen.

Fazit : Rauchen kann tödlich sein : deshalb besteuert der Staat den Tabakgenuß. : muß er auch! : Als fürsorgender Finanzminister kann er nur von den Lebenden Steuern kassieren. Eigentlich etwas komisch. Tabaksteuer wird erhoben, solange bis alle Raucher vernichtet sind. Also schauen wir mal.

Das neue Hemd

Ein neues Hemd – oh welche Freude!
Edelstes Perlon, hoher Tragekomfort,
eng geschnitten, Brusthaare schauen frech hervor.

Ein neues Hemd,
nach Entlassung aus der Gefangenschaft,
Nachkriegsjahr, Mangelwirtschaft, Bezugsscheine.

Mein einziges Hemd.
Ehrlich gesagt, hätte es zwei Nummern
größer sein können.

Und doch: diese Freude!
Heute lacht man darüber.
Der Schrank ist voll, man kauft weiter.
Doch wo ist die Freude?

Das neue Hemd

Ein neues Hemd – oh welche Freude!
Edelstes Perlon, hoher Tragekomfort,
eng geschnitten, Brusthaare schauen frech hervor.

Ein neues Hemd,
nach Entlassung aus der Gefangenschaft,
Nachkriegsjahre, Mangelwirtschaft, Bezugsscheine.

Mein einziges Hemd.
Ehrlich gesagt, hätte es zwei Nummern
größer sein können.

Und doch: diese Freude!
Heute lacht man darüber.
Der Schrank ist voll, man kauft weiter.
Doch wo ist die Freude?

Die schöne Hose!

Es wäre Zeitverschwendung, wenn man mit den in der Nachkriegszeit herrschenden Bedingungen nicht einverstanden ist. Wem nützt Aufregung, wenn an dem Tatbestand nichts zu ändern ist.

Für junge Ehepaare mit Kleinkindern war Bekleidung ein großes Problem. Es fehlte an allen Dingen, ob das nun Unterwäsche, Hemden, Pullover oder sonstige Sachen waren. Der einzige Weg an brauchbare Klamotten zu kommen, war der Tauschweg. „Gibst du mir Das, dann bekommst du von mir das Andere“. Das war die alltägliche Prozedur.

Ich weiß leider heute nicht mehr, wie mein Schwiegervater an die Hose gekommen ist. Entweder hat der Tauschpartner unbedingt etwas erwerben wollen und hat als Tauschobjekt eine Strickhose der Marke – Kübler – angeboten. Dazu muss man wissen, dass eine Kübler-Hose, zu damaliger Zeit einen Schatz darstellte, wobei Kübler und Bleyle etwa den gleichen Stellenwert hatten.

So eine Hose war also in unseren Besitz gelangt und Berndt, mein ältester Sohn, durfte die Hose tragen.

Opa Paul hatte an besagtem Nachmittag die Aufsicht übernommen. Auf der gegenüber liegenden Seite der Bodenburger-Str. standen primitive Massiv-Baracken. Um zu diesen Häusern zu kommen, musste ein kleiner Graben überschritten werden.

Der 3-jährige Berndt, der die schöne neue Hose anhatte, stürzte beim Überqueren des Grabens und landete im circa 50 cm tiefen Wasser. Nun saß er mit der kostbaren Hose auf dem Grunde des Grabens.

Die schöne Hose!

Es wäre Zeitverschwendung, wenn man mit den in der Nachkriegszeit herrschenden Bedingungen nicht einverstanden ist. Wem nützt Aufregung, wenn an dem Tatbestand nichts zu ändern ist.

Für junge Ehepaare mit Kleinkindern war Bekleidung ein großes Problem. Es fehlte an allen Dingen, ob das nun Unterwäsche, Hemden, Pullover oder sonstige Sachen waren. Der einzige Weg an brauchbare Klamotten zu kommen, war der Tauschweg. „Gibst du mir das, dann bekommst du von mir das Andere". Das war die alltägliche Prozedur.

Ich weiß leider heute nicht mehr, wie mein Schwiegervater an die Hose gekommen ist. Entweder hat der Tauschpartner unbedingt etwas erwerben wollen und hat als Tauschobjekt eine Strickhose der Marke 'Kübler' angeboten. Dazu muß man wissen, daß eine Kübler-Hose, zu damaliger Zeit einen Schatz darstellte, wobei Kübler und Bleyle etwa den gleichen Stellenwert hatten.

So eine Hose war also in unseren Besitz gelangt und Bernd, mein ältester Sohn, durfte die Hose tragen.

Opa Paul hatte an besagtem Nachmittag die Aufsicht übernommen. Auf der gegenüber liegenden Seite der Bodenbürger-Str. standen primitive Massiv-Baracken. Um zu diesen Häusern zu kommen, mußte ein kleiner Graben überschritten werden.

Der 3-jährige Bernd, der die schöne neue Hose anhatte, stürzte beim Überqueren des Grabens und landete im circa 50 cm tiefen Wasser. Nun saß er mit der kostbaren Hose auf dem Grunde des Grabens.

Leider war der Untergrund nicht sehr sauber, sodass die besagte Hose nicht mehr so besonders gut aussah.

Aber da half kein Jammern und Klagen, Opa Paul bemühte sich, seinen Enkel aus dem Graben zu holen. Die ehemals neue Hose musste einer intensiven Reinigung unterzogen werden.

Es war zu erwarten, dass Opa Paul den Aktionsradius vom Enkel Berndt stark einschränkte. Nochmals ins Wasser, dann aber ohne die gute neue Hose.

Leider war der Untergrund nicht sehr sauber, sodass die besagte Hose nicht mehr so besonders gut aussah.

Aber da half kein Jammern und Klagen. Opa Paul bemühte sich, seinen Enkel aus dem Graben zu holen. Die ehemals neue Hose musste einer intensiven Reinigung unterzogen werden.

Es war zu erwarten, dass Opa Paul den Aktionsradius vom Enkel Bernd stark einschränkte. Nochmals ins Wasser, dann aber ohne die gute neue Hose.

Schacht III, der Wetterschacht lag auf der östlichen Seite von der Stadt Bad Salzdetfurth und war nur über Waldwege zu erreichen. Um überhaupt die Versorgung der in der Schachtanlage vorhandenen Bauten zu gewährleisten, wurde ein Schrägaufzug von der Salinenstraße zur Plattform am Schacht gebaut. Die Winde am oberen Ende des Aufzuges wurde vom Hausmeister betreut und musste mit ihm terminlich abgesprochen werden.

Das Zechengebäude war umgebaut worden, um als Wohnungen genutzt zu werden. Damit waren die Bewohner auf den Aufzug angewiesen. Wie bereits geschrieben, war dies der einzige Transportweg für alle Dinge, die zu schwer waren, um mit dem Rucksack oder anderen Hilfen nach oben gebracht zu werden.

Jahre später, in der Zeit als im unteren Bereich der Neubau einer Autostraße für die Ansiedelung von Wohnanlagen notwendig wurde, ist diese Straße bis zum Schachtgelände hochgeführt worden. Damit wurde die Möglichkeit geschaffen, die Transporte mit LKW usw. zu erledigen. Der Aufzug wurde damit nicht mehr benötigt.

Durch Änderung der Aufgaben-Verteilung wurde die Funktion des Fahrschachtes von Schacht I nach Schacht III verlegt. Durch diese Maßnahme wurde ein Umbau der Bauten „über Tage“ notwendig.

Der Schrägaufzug

Schacht III, der Wetterschacht lag auf der östlichen Seite von der Stadt Bad Salzdetfurth und war nur über Waldwege zu erreichen. Um überhaupt die Versorgung der in der Schachtanlage vorhandenen Bauten zu gewährleisten, wurde ein Schrägaufzug von der Salinenstraße zur Plattform am Schacht gebaut. Die Winde am oberen Ende des Aufzuges wurde vom Hausmeister betreut und mußte mit ihm terminlich abgesprochen werden.

Das Zechengebäude war umgebaut worden, um als Wohnungen genutzt zu werden. Damit waren die Bewohner auf den Aufzug angewiesen. Wie bereits geschrieben, war dies der einzige Transportweg für alle Dinge, die zu schwer waren, um mit dem Rucksack oder anderen Hilfen nach oben gebracht zu werden.

Jahre später, in der Zeit als im unteren Bereich der Neubau einer Autostraße für die Ansiedlung von Wohnanlagen notwendig wurde, ist diese Straße bis zum Schachtgelände fortgeführt worden. Damit wurde die Möglichkeit geschaffen, die Transporte mit LKW usw. zu erledigen. Der Aufzug wurde damit nicht mehr benötigt.

Durch Änderung der Aufgaben=Verteilung wurde die Funktion des Fahrschachtes von Schacht I nach Schacht III verlegt. Durch diese Maßnahme wurde ein Umbau der Bauten „über Tage" notwendig.

Wald – Du bestes Stück der Natur.
Harz – Waldreich – Erholung pur.
Wächst dunkelgrün im Tal und Bergesrücken.
Am Boden, Heidelbeeren
auf der Wanderung zum pflücken
Kann es etwas Schöneres geben?
Kaum zu erahnen.
Trotzdem sollten wir zu einem
vorsichtigen Umgang mahnen.

Der Mensch entscheidet nicht, was er gerne mag –
Wichtig ist der Profit – also der Ertrag.

Holz, das schneller wächst, ist stark begehrt –
Obwohl man weiß – es ist verkehrt.
Wir mit unserer Uneinsicht und Ungeduld –
Wenn unsere Wälder kaputtgehen,
wir sind selber schuld.
Gibt es noch eine letzte Einsicht?
Wer`s glaubt – ich nicht.

Unser bestes Stück

Wald, du bestes Stück der Natur.
Harz, Waldreich, Erholung pur.
Wächst dunkelgrün im Tal und Bergesrücken.
Am Boden, Heidelbeeren
auf der Wanderung zum pflücken
Kann es etwas Schöneres geben?
Kaum zu erahnen.
Trotzdem sollten wir zu einem
vorsichtigen Umgang mahnen.

Der Mensch entscheidet nicht, was er gerne mag =
Wichtig ist der Profit = also der Ertrag.

Holz, das schneller wächst, ist stark begehrt,
Obwohl man weiß, es ist verkehrt.
Wir mit unserer Uneinsicht und Ungeduld,
Wenn unsere Wälder kaputtgehen,
wir sind selber schuld.
Gibt es noch eine letzte Einsicht?
Wer`s glaubt, ich nicht.

Im Jahre 2013 trafen sich meine Kinder. Man wollte sich die Stadt Bad Salzdetfurth ansehen. Hier war ihr Geburtsort. Bis auf unseren jüngsten Sohn wurden alle Kinder in dieser Stadt geboren und von unserer Hebamme, Frau Lindenberg, liebevoll betreut.

Alle Stationen unseres Wohnens wurden aufgesucht, einige sogar vergebens, denn diese Häuser waren nicht mehr vorhanden.

Unsere 1. Wohnung war bei den Eltern in der Bodenburger Straße 37. Einst als Doppelhaus gebaut und als Wohnraum einer Familie, die zwar die Grundlage bildete, da beide Töchter geheiratet hatten und damit waren es 3 Familien, die sich die Räume aufteilten. Diese 3-fach Belegung dauerte immerhin fast 3 Jahre. Tochter Inge und ihr Mann, Walter Goldammer verlegten ihren Wohnsitz nach Dresden und Tochter Margret und ich bezogen eine große Wohnung auf Schacht III. Auch diese Wohnung mussten wir räumen, weil das Kaliwerk verschiedene Umbauten plante (Geschichten von Schacht III an anderer Stelle.) Neuer Wohnsitz dann in der Elsa –Brandström-Str.. Das Kaliwerk hatte mit einer Wohnungsbau-Gesellschaft dort einige Häuser gebaut, die als Werkswohnungen vermietet wurden.

Durch meinen Arbeitsplatzwechsel zu einer Holzbaufirma wurde uns die Wohnung gekündigt und das war dann auch der Anlass, über eine Dauerlösung nachzudenken. Unsere Familie war in der Zwischenzeit durch die Geburt von 8 Kindern vergrößert und Wohnungen in dieser benötigten Größenordnung waren nicht verfügbar.

Geschwistertreffen 2013

Im Jahre 2013 trafen sich meine Kinder. Man wollte sich die Stadt Bad Salzdetfurth ansehen. Hier war ihr Geburtsort. Bis auf unseren jüngsten Sohn wurden alle Kinder in dieser Stadt geboren und von unserer Hebamme, Frau Lindenberg, liebevoll betreut.

Alle Stationen unseres Wohnens wurden aufgesucht, einige sogar vergebens, denn diese Häuser waren nicht mehr vorhanden.

Unsere 1. Wohnung war bei den Eltern in der Bodenburger Straße 37. Einst als Doppelhaus gebaut und als Wohnraum einer Familie, die zwar die Grundlage bildete, da beide Töchter geheiratet hatten und damit waren es 3 Familien, die sich die Räume aufteilten. Diese 3=fach Belegung dauerte immerhin fast 3 Jahre. Tochter Inge und ihr Mann, Walter Goldammer verlegten ihren Wohnsitz nach Dresden und Tochter Margret und ich bezogen eine große Wohnung auf Schacht III. Auch diese Wohnung mußten wir räumen, weil das Kaliwerk verschiedene Umbauten plante (Geschichten von Schacht III an anderer Stelle.) Neuer Wohnsitz dann in der Elsa=Brandström=Str.. Das Kaliwerk hatte mit einer Wohnungsbau=Gesellschaft dort einige Häuser gebaut, die als Werkswohnungen vermietet wurden.

Durch meinen Arbeitsplatzwechsel zu einer Holzbau=firma wurde uns die Wohnung gekündigt und das war dann auch der Anlaß über eine Dauerlösung nachzudenken. Unsere Familie war in der Zwischen=zeit durch die Geburt von 8 Kindern vergrößert und Wohnungen in dieser benötigten Größenordnung waren nicht verfügbar.

Durch Mithilfe von Freunden, in erster Linie Hans und Ursula Stockleben, konnten wir ein günstiges Grundstück in Barienrode erwerben. Unser neues Haus konnte nicht rechtzeitig fertiggestellt werden, sodass wir von der Stadt Bad Salzdetfurth für etwa ein Jahr in eine Notwohnung in der Waldenburger Str. eingewiesen wurden.

Alle diese Häuser haben wir bei dem Geschwistertreffen besucht. Die Notwohnung in der Waldenburger Str. war nicht mehr vorhanden.

Wir hatten trotzdem eine erfreuliche Situation erlebt, als wir vor unserem Haus in der Elsa-Brandström-Str. standen. Wir waren immerhin 7 Personen, die mit Handzeichen und Gesprächen auf dem Bürgersteig anhielten und so die Aufmerksamkeit der jetzigen Bewohner erregten. Eine nette Frau öffnete ein Fenster und wollte von uns wissen, was der Anlass für unser Interesse wäre. Nachdem wir im Gespräch mittteilten, dass wir hier mal gewohnt hatten, lud sie uns spontan ein, herein zu kommen. Sie würde uns gern die Wohnung in ihrem jetzigen Zustand zeigen. Die Erdgeschoss-Wohnung, in der wir gewohnt hatten war total umgebaut worden. Bedingt durch den Verkauf des Hauses an einen neuen Eigentümer, der das vorhandene Haus nach seinen Bedürfnissen umbauen konnte, erkannten wir die Räumlichkeiten kaum wieder. Aber es war sehr gut gelungen.

Wir empfanden es als eine großzügige Geste und haben uns für die Einladung zur Besichtigung sehr bedankt.

Nach der umfangreichen Tour gönnten wir uns eine schöne Kaffeepause mit herrlicher Torte und Kuchen. Ganz mutige wagten noch als Krönung einen riesengroßen Eisbecher.

Ein gelungener Tag an alter Wirkungsstelle.

durch Mithilfe von Freunden, in erster Linie Hans und Ursula Stockleben, konnten wir ein günstiges Grundstück in Barienrode erwerben. Unser neues Haus konnte nicht rechtzeitig fertiggestellt werden, sodass wir von der Stadt Bad Salzdetfurth für etwa ein Jahr in eine Notwohnung in der Waldenburger Str. eingewiesen wurden.

Alle diese Häuser haben wir bei dem Geschwistertreffen besucht. Die Notwohnung in der Waldenburger Str. war nicht mehr vorhanden.

Wir hatten trotzdem eine erfreuliche Situation erlebt, als wir vor unserem Haus in der Elsa-Brandström-Str. standen. Wir waren immerhin 7 Personen, die mit Handzeichen und Gesprächen auf dem Bürgersteig anhielten und so die Aufmerksamkeit der jetzigen Bewohner erregten. Eine nette Frau öffnete ein Fenster und wollte von uns wissen, was der Anlass für unser Interesse wäre. Nachdem wir im Gespräch mitteilten, dass wir hier mal gewohnt hatten, lud sie uns spontan ein, herein zu kommen. Sie würde uns gern die Wohnung in ihrem jetzigen Zustand zeigen. Die Erdgeschoss-Wohnung, in der wir gewohnt hatten war total umgebaut worden. Bedingt durch den Verkauf des Hauses an einen neuen Eigentümer, der das vorhandene Haus nach seinen Bedürfnissen umbauen konnte, erkannten wir die Räumlichkeiten kaum wieder. Aber es war sehr gut gelungen.

Wir empfanden es als eine großzügige Geste und haben uns für die Einladung zur Besichtigung sehr bedankt.

Nach der umfangreichen Tour gönnten wir uns eine schöne Kaffeepause mit herrlicher Torte und Kuchen. Ganz mutige wagten noch als Krönung einen riesengroßen Eisbecher.

Ein gelungener Tag an alter Wirkungsstätte.

Schon der Name „Zahnarzt“ weckt bei mir sofort Zahnschmerzen. In den meisten Fällen sind besagte Zahnschmerzen spontan wieder weg.

Diesmal erwischte mich der Zahnschmerz am Tagesbeginn. Schon bei der Morgentoilette war der Schmerz kaum auszuhalten. Aber Schmerz ist Schmerz und Dienst ist Dienst. Da mein Arbeitsplatz direkt am Wohnhaus auf dem Platz des Zimmereibetriebes angesiedelt war, trat ich als Lehrling (heute Auszubildender) um 7:00 Uhr meinen Dienst an. Meine Zahnschmerzen wurden nicht geringer, sondern, so hatte ich das Gefühl, sie nahmen zu. Um 9:00 Uhr war die halbstündige Frühstückspause, und die nahm ich, wenn meine Arbeitseinsätze auf dem Betriebsgelände waren, im Wohnhaus ein. Zahnschmerzen und Frühstück sind im Grunde zwei Dinge, die nicht so richtig zusammenpassen. Das soll natürlich nicht heißen, dass Jemand, der Zahnschmerzen hat, nicht mehr essen darf. Es ist nur etwas schwieriger.

Mein Vater, der Chef des Betriebes, wollte ebenfalls sein Frühstück einnehmen. Er bemerkte, dass ich einen recht betrüblichen Eindruck machte und er fragte „na, was ist?“. „Ich habe starke Zahnschmerzen, kaum auszuhalten“.

Nach kurzer Bedenkzeit, sagte er mir „Nimm etwas Essig auf ein Watteknäuel und schiebe es im Munde auf die erkrankte Stelle. Dann zubeißen und ein paar Minuten so halten“.

Meine Mutter, die auch in der Küche war, erhielt den Auftrag, mir so einen Tupfer herzustellen. Aus welchem Grund meine Mutter, mir statt eines Watteknäuels mit Essig, einen Tupfer mit Essig-Essenz anfertigte, blieb erstmal ungeklärt. Nur die Auswirkungen waren kolossal. Ich schob das Knäuel auf die erkrankte Stelle im Mund.

Zahnweh und was 100%ig hilft

Schon der Name „Zahnarzt" weckt bei mir sofort Zahnschmerzen. In den meisten Fällen sind besagte Zahnschmerzen spontan wieder weg.

Diesmal erwischte mich der Zahnschmerz am Tagesbeginn. Schon bei der Morgentoilette war der Schmerzkaum auszuhalten. Aber Schmerz ist Schmerz und Dienst ist Dienst. Da mein Arbeitsplatz direkt am Wohnhaus auf dem Platz des Zimmereibetriebes angesiedelt war, trat ich als Lehrling (heute Auszubildender) um 7:00 Uhr meinen Dienst an. Meine Zahnschmerzen wurden nicht geringer, sondern, so hatte ich das Gefühl, sie nahmen zu. Um 9:00 Uhr war die halbstündige Frühstückspause, und die nahm ich, wenn meine Arbeitseinsätze auf dem Betriebsgelände waren, im Wohnhaus ein. Zahnschmerzen und Frühstück sind im Grunde zwei Dinge, die nicht so richtig zusammenpassen. Das soll natürlich nicht heißen, daß jemand, der Zahnschmerzen hat, nicht mehr essen darf. Es ist nur etwas schwieriger.

Mein Vater, der Chef des Betriebes, wollte ebenfalls sein Frühstück einnehmen. Er bemerkte, daß ich einen recht betrüblichen Eindruck machte und er fragte „na, was ist?". „Ich habe starke Zahnschmerzen, kaum auszuhalten".

Nach kurzer Bedenkzeit, sagte er mir „Nimm etwas Essig auf ein Watteknäuel und schiebe es im Munde auf die erkrankte Stelle. Dann zubeißen und ein paar Minuten so halten".

Meine Mutter, die auch in der Küche war, erhielt den Auftrag, mir so einen Tupfer herzustellen. Aus welchem Grund meine Mutter, mir statt eines Watteknäuels mit Essig, einen Tupfer mit Essig=Essenz anfertigte, blieb erstmal ungeklärt. Nur die Auswirkungen waren kolossal. Ich schob das Knäuel auf die erkrankte Stelle im Mund.

Vielleicht sollte ich sagen, ich bemühte mich, die mit Essig-Essenz durchfeuchtete Watte auf die richtige Stelle zu platzieren.

Ein Aufschrei, ein Versuch das Teufelszeug auszuspucken, wobei, da ich wie ein wildgewordenes Untier durch die Gegend sprang und damit das Knäuel den Gaumen und die Zunge berührte. Das war ein Gefühl, als wäre in der Mundhöhle eine Feuersbrunst ausgebrochen. Irgendwie gelang es mir, die Watte auszuspucken. Um es kurz zu machen – die ursprünglichen Zahnschmerzen waren weg. Dafür hatte ich mir unheimliche Schmerzen eingehandelt. Meine Mutter hatte wohl nicht richtig hingehört. Anstatt eines Essig-Tupfers kam eine Ladung Essenz zum Einsatz.

Ab sofort wurde nicht mehr über Zahnschmerzen gesprochen. Die waren weg. „Wie wird der Junge mit den anderen Problemen, wie den Verbrennungen fertig?"

Wenn ich den ganzen Ablauf betrachte, dann hatte ich mit der Heilung der Verbrennungen etwa drei Wochen zu tun, das heißt, ab diesen Zeitpunkt, konnte ich wieder schmecken.

Nach diesem Vorfall hatte mein Vater den klugen Entschluss gefasst, keine Heilungsversuche mehr anzuregen. Die Zahnschmerzen traten an der besagten Stelle nicht mehr auf. In der Folge wurden alle neu auftretende Schäden an den Zähnen durch einen Zahnarzt behandelt.

Meine Abneigung, die Behandlung bei einem Zahnarzt machen zu lassen, hat neuen Auftrieb erhalten. Ich bin außerordentlich vorsichtig geworden. In meinem hohen Alter, habe ich einen rücksichtsvollen Arzt gefunden, der mir unnötige Ängste bei der Behandlung erspart.

Vielleicht sollte ich sagen, ich bemühte mich, die mit Essig=Essenz durchfeuchtete Watte auf die richtige Stelle zu platzieren.

Ein Aufschrei, ein Versuch das Teufelszeug auszuspucken, wobei, da ich wie ein wildgewordener Indianer durch die Gegend sprang und damit das Knäuel den Gaumen und die Zunge berührte. Das war ein Gefühl, als wäre in der Mundhöhle ein Feuersbrunst ausgebrochen. Irgendwie gelang es mir, die Watte auszuspucken. Um es kurz zu machen : die ursprünglichen Zahnschmerzen waren weg. Dafür hatte ich mir unheimliche Schmerzen eingehandelt. Meine Mutter hatte wohl nicht richtig hingehört. Anstatt eines Essig=Tupfers kam eine Ladung Essenz zum Einsatz.

Ab sofort wurde nicht mehr über Zahnschmerzen gesprochen. Die waren weg. „Wie wird der Junge mit den anderen Problemen, wie den Verbrennungen fertig?"

Wenn ich den ganzen Ablauf betrachte, dann hatte ich mit der Heilung der Verbrennungen etwa drei Wochen zu tun, das heißt, ab diesem Zeitpunkt, konnte ich wieder schmecken.

Nach diesem Vorfall hatte mein Vater den klugen Entschluß gefaßt, keine Heilungsversuche mehr anzuregen. Die Zahnschmerzen traten an der besagten Stelle nicht mehr auf. In der Folge wurden alle neu auftretende Schäden an den Zähnen durch einen Zahnarzt behandelt.

Meine Abneigung, die Behandlung bei einem Zahnarzt machen zu lassen, hat neuen Auftrieb erhalten. Ich bin außerordentlich vorsichtig geworden. In meinem hohen Alter, habe ich einen rücksichtsvollen Arzt gefunden, der mir unnötige Ängste bei der Behandlung erspart.

Durch Vorsicht wird man klug, so sagt man das so hin. Möglicherweise kommt man der Wahrheit damit recht nahe.

durch Vorsicht wird man klug, so sagt man das so hin. Möglicherweise kommt man der Wahrheit damit nicht nahe.

Du armer Wald

Erholung pur –
Bergeshöhen und Burgen, weite Waldesflächen,
dunkles Tannengrün,
herrliche klare Luft.
Eigentlich alles bestens in Ordnung?
Weit gefehlt.
Auch der Wald muss sich rechnen,
Nadelwald wächst schneller – Ertrag größer.
Laub-oder Mischwald für die Natur besser.
Machen wir Menschen bewusst die Welt kaputt?
Ja, so scheint es zu sein – wir denken zu kurz.
Der Wald braucht den langen Atem.
Der Wald ist krank – eine zutreffende Aussage.
Wir Menschen denken zu wenig
an unsere Nachkommen.
Wir hinterlassen eine zerstörte Natur.
Ist das schon die Strafe Gottes?

Du armer Wald

Erholung für –
Bergeshöhen und Burgen, weite Waldesflächen,
dunkles Tannengrün,
herrliche klare Luft.
Eigentlich alles bestens in Ordnung?
Weit gefehlt.
Auch der Wald muß sich reichen,
Nadelwald wächst schneller – Ertrag größer.
Laub=oder Mischwald für die Natur besser.
Machen wir Menschen bewußt die Welt kaputt?
Ja, so scheint es zu sein – wir denken zu kurz.
Der Wald braucht den langen Atem.
Der Wald ist krank – eine zutreffende Aussage.
Wir Menschen denken zu wenig
an unsere Nachkommen.
Wir hinterlassen eine zerstörte Natur.
Ist das schon die Strafe Gottes?

Dem Architekten, der das Haus, in dem ich wohne, geplant und erbaut hat, muss ich ein großes Kompliment machen. Ich unterstelle jedenfalls, dass er sich eingehende Gedanken gemacht hat, um für die späteren Bewohner ein gut nutzbares Zuhause zu schaffen.

Dieser Gedanke schoss mir gleich in den Kopf, als ich das erste Mal bei der Wohnungsbesichtigung auf dem Balkon stand, und der sich mir bietende Anblick ließ mich nicht mehr los. Ich mietete diese Wohnung in erster Linie wegen des herrlichen Balkons und in zweiter Linie wegen der gut geschnittenen anderen Räume.

Nun werden Sie zu Recht fragen, was ist denn nun so aufregend an diesem Ausblick? In einem kleinen Dorf kann ja wohl kein Panorama so gewaltig sein, um davon so stark gefesselt zu werden. Ich weiß nicht, was andere Menschen empfinden. Ich jedenfalls liebe das Sitzen auf meinem Balkon. So oft ich kann, benutze ich diesen Platz. Habe ich sie neugierig gemacht? Dann möchte ich Sie teilhaben lassen an meinem Vergnügen.

Wenn ich über meine voll blühenden Blumenkästen schaue, die mit roten und weißen Hängegeranien bepflanzt sind, außerdem bin ich erfreut von dem frischen Grün der Bäume, die eine herrliche Kulisse für die Erfassung der weiteren Details darstellen. Mittelpunkt ist das Schulgebäude mit seinen vier Klassen – und den notwendigen Nebenräumen, die im offenen Winkel den dahinterliegenden Schul – und Pausenhof erschließen. Durch die dichte Bepflanzung mit Linden – Kastanien – und Birkenbäumen und der Anordnung von Wildrosenhecken an der Hausfront, muss man schon sehr genau hinschauen, um das Schulgebäude zu erkennen.

Das Haus auf dem Lande

Dem Architekten, der das Haus, in dem ich wohne, geplant und gebaut hat, muß ich ein großes Kompliment machen. Ich unterstelle jedenfalls, daß er sich eingehende Gedanken gemacht hat, um für die späteren Bewohner ein gut nutzbares Zuhause zu schaffen.

Dieser Gedanke schoß mir gleich in den Kopf, als ich das erste Mal bei der Wohnungsbesichtigung auf dem Balkon stand, und der sich mir bietende Anblick ließ mich nicht mehr los. Ich mietete diese Wohnung in erster Linie wegen des herrlichen Balkons und in zweiter Linie wegen der gut geschnittenen anderen Räume.

Nun werden Sie zu Recht fragen, was ist denn nun so aufregend an diesem Ausblick? In einem kleinen Dorf kann ja wohl kein Panorama so gewaltig sein, um davon so stark gefesselt zu werden. Ich weiß nicht, was andere Menschen empfinden. Ich jedenfalls liebe das Sitzen auf meinem Balkon. So oft ich kann, benutze ich diesen Platz. Habe ich Sie neugierig gemacht?. Dann möchte ich Sie teilhaben lassen an meinem Vergnügen.

Wenn ich über meine voll blühenden Blumenkästen schaue, die mit roten und weißen Hängegeranien bepflanzt sind, außerdem bin ich erfreut von dem frischen Grün der Bäume, die eine herrliche Kulisse für die Erfassung der weiteren Details darstellen. Mittelpunkt ist das Schulgebäude mit seinen vier Klassen, und den notwendigen Nebenräumen, die im offenen Winkel den dahinterliegenden Schul, und Pausenhof erschließen. Durch die dichte Bepflanzung mit Linden, Kastanien, und Birkenbäumen und der Anordnung von Wildrosenhecken an der Hausfront, muß man schon sehr genau hinschauen, um das Schulgebäude zu erkennen.

Von meinem Standort im 1. Obergeschoss sehe ich, wenn ich über die Brüstung schaue, die Hauptstraße des Ortes, die sogenannte Kreisstraße. Sie verbindet die Nachbarorte mit unserem Wohnort. Ich hatte schon oft ein mitleidiges Lächeln erlebt, wenn ich auf Unverständnis stieß, an der Hauptstraße zu wohnen und das auch noch als gut empfand.

Es ist super, das pulsierende Leben vor meinem Balkonplatz zu erleben. Diesen wiederkehrenden Rhythmus, frühmorgens den Aufbruch der Mitbewohner, die zur Arbeit gehen oder fahren. Dazwischen der Landbus, der in die nahe Stadt fährt, die Schulkinder einsammelt, um sie zu den weiterführenden Schulen zu bringen. Ich finde es schön, die kleinen Erstklässler zu beobachten, wie sie mit ihren übergroßen, bunten Schulranzen laut schwatzend der Schule zustreben. Kurz vor Schulbeginn dann die ganz Eiligen, die sich noch bemühen, pünktlich in der Klasse zu sein.

So oft es das Wetter erlaubt, sitzen wir, meine Lebensgefährtin und ich auf dem Balkon zum ausgiebigen Frühstück, hören den Gesang der zahlreichen Vögel, grüßen Bekannte, die im Vorübergehen uns zuwinken oder eine Frage betreffs unseres Wohlergehens stellen.

Genau in Verlängerung unseres Blickfeldes geht von der Hauptstraße ein mit Bäumen gesäumter Fußweg zum Dorfmittelpunkt. Vorbei an Einfamilienhäusern, dem ev. Gemeindezentrum, welches als Kirchenraum dient. Nach 200 Metern trifft man dann auf eine Wohnstraße und nach Überquerung dieses Weges ist man auf dem Dorfplatz mit der Turn- und Sporthalle und der Nebenstelle der Gemeindeverwaltung.

Wir beide, meine Ingrid und ich, sind beileibe nicht mehr die Jüngsten, aber umso mehr freuen wir uns, im pulsierenden Leben des Ortes eingebunden zu sein.

Von meinem Standort im 1. Obergeschoß sehe ich, wenn ich über die Brüstung schaue, die Hauptstraße des Ortes, die sogenannte Kreisstraße. Sie verbindet die Nachbarorte mit unserem Wohnort. Ich hatte schon oft ein mitleidiges Lächeln erlebt, wenn ich auf Unverständnis stieß, an der Hauptstraße zu wohnen und das auch noch als gut empfand.

Es ist super, das pulsierende Leben vor meinem Balkonplatz zu erleben. Diesen wiederkehrenden Rhythmus, frühmorgens den Aufbruch der Mitbewohner, die zur Arbeit gehen oder fahren. Dazwischen der Landbus, der in die nahe Stadt fährt, die Schulkinder einsammelt, um sie zu den weiterführenden Schulen zu bringen. Ich finde es schön, die kleinen Erstklässler zu beobachten, wie sie mit ihren übergroßen, bunten Schulranzen laut schwatzend der Schule zustreben. Kurz vor Schulbeginn dann die ganz Eiligen, die sich noch bemühen, pünktlich in der Klasse zu sein.

So oft es das Wetter erlaubt, sitzen wir, meine Lebensgefährtin und ich auf dem Balkon zum ausgiebigen Frühstück, hören den Gesang der zahlreichen Vögel, grüßen Bekannte, die im Vorübergehen uns zuwinken oder eine Frage betreffs unseres Wohlergehens stellen.

Genau in Verlängerung unseres Blickfeldes geht von der Hauptstraße ein mit Bäumen gesäumter Fußweg zum Dorfmittelpunkt. Vorbei an Einfamilienhäusern, dem ev. Gemeindezentrum, welches als Kirchenraum dient. Nach 200 Metern trifft man dann auf eine Wohnstraße und nach Überquerung dieses Weges ist man auf dem Dorfplatz mit der Turn- und Sporthalle und der Nebenstelle der Gemeindeverwaltung.

Wir beide, meine Ingrid und ich, sind beileibe nicht mehr die Jüngsten, aber umso mehr freuen wir uns im pulsierenden Leben des Ortes eingebunden zu sein.

Es ist einige Zeit her, als wir zur Schule gingen. Wenn wir jedoch das Stimmengewirr der Kinder hören, die ihrem Pausenvergnügen nachgehen, dann kommen viele schöne Erinnerungen wieder zu Tage, die unsere Schulzeit geprägt haben. Es könnte bei uns genauso gewesen sein. Die befehlende Stimme des Schulleiters, wenn kleine Auseinandersetzungen und Prügeleien überhandnahmen oder an heißen Sommertagen der Unterricht im Freien stattfand. Wir tauschten dann unsere Erlebnisse aus und wenn wir ehrlich sind, auch unsere Jugend war wunderschön!

Alles das verdanken wir unserem Platz auf dem Balkon, mitten in der Natur. Das hat bestimmt etwas mit Natürlichkeit zu tun und das beinhaltet auch Lebendigkeit, Mitwirken, Mitsehen, Mitmachen, Mitgenießen.

Entschuldigung! Ich wollte und sollte nur die Eindrücke schildern, die ich empfinde, wenn ich von einem bestimmten Standort die Umgebung betrachte.

Nur ist es kaum möglich, einen Ausschnitt, einen begrenzten Sichtbereich ohne Leben, ohne Inhalt zu schildern. Wenn ich mir vorstelle, ich sehe nur ein lebloses Bild vor mir, dann werde ich kaum auf den Gedanken kommen, dies schön zu finden.

Selbst die Flora und Fauna ist ständig dabei, sich zu verändern. Es ginge gar nicht anders. Bäume, Sträucher, Gras alles wächst, verändert sich täglich, es ist sonnig, es regnet, es wird dunkel, es wird neblig. Auch wir verändern uns, wir sind ja auch Teile dieser Welt.

Ich merke die Veränderungen auch daran, wenn ich zu einer anderen Zeit meinen Beobachtungsplatz auf dem Balkon einnehme. Am Vormittag, zur Mittagszeit, am Nachmittag, gegen Abend oder zur Nachtzeit, immer gibt es was Neues, Anderes

Es ist einige Zeit her, als wir zur Schule gingen.
Wenn wir jedoch das Stimmengewirr der Kinder hö=
ren, die ihren Pausenvergnügen nachgehen, dann
kommen viele schöne Erinnerungen wieder zu
Tage, die unsere Schulzeit geprägt haben. Es könnte
bei uns genauso gewesen sein. Die befehlende
Stimme des Schulleiters, wenn kleine Auseinander=
setzungen und Raufereien überhandnahmen oder
an heißen Sommertagen der Unterricht im Freien
stattfand. Wir tauschten dann unsere Erlebnisse aus
und wenn wir ehrlich sind, auch unsere Jugend war
wunderschön!

Alles das verdanken wir unserem Platz auf dem
Balkon, mitten in der Natur. Das hat bestimmt
etwas mit Natürlichkeit zu tun und das beinhaltet
auch Lebendigkeit, Mitwirken, Mitsehen, Mitmachen,
Mitgenießen.

Entschuldigung! Ich wollte und sollte nur die Eindrü=
cke schildern, die ich empfinde, wenn ich von einem
bestimmten Standort die Umgebung betrachte.

Nur ist es kaum möglich, einen Ausschnitt, einen
begrenzten Sichtbereich ohne Leben, ohne Inhalt zu
schildern. Wenn ich mir vorstelle, ich sehe nur ein
lebloses Bild vor mir, dann werde ich kaum auf den
Gedanken kommen, dies schön zu finden.

Selbst die Flora und Fauna ist ständig dabei, sich zu
verändern. Es ginge gar nicht anders. Bäume,
Sträucher, Gras alles wächst, verändert sich täglich, es
ist sonnig, es regnet, es wird dunkel, es wird neblich.
Auch wir verändern uns, wir sind ja auch Teile
dieser Welt.

Ich merke die Veränderungen auch daran, wenn ich
zu einer anderen Zeit meinen Beobachtungsplatz
auf dem Balkon einnehme. Am Vormittag, zur
Mittagszeit, am Nachmittag, gegen Abend oder zur
Nachtzeit, immer gibt es was Neues, Anderes

zu entdecken.

Ich bin so dankbar, dass ich dies bewusst erleben kann. Ich wünsche mir, dies noch lange zu genießen.

Positiv denken, die Natur möchte uns mit ihrer Vielfalt und Schönheit dazu verhelfen.

zu entdecken.

Ich bin so dankbar, dass ich dies bewusst erleben kann.
Ich wünsche mir, dies noch lange zu genießen.

Positiv denken, die Natur möchte uns mit ihrer Vielfalt und Schönheit dazu verhelfen.

Es war einmal ein junges Ehepaar, glücklich verliebt, voller Erwartung auf schöne, gemeinsame Jahre. Nichts sollte die Harmonie bei der Bewältigung des täglichen Einerleis stören. Ihr größter Wunsch zum vollendeten Seligsein war die baldige Vergrößerung der Familie durch die Geburt eines Kindes.

Schon nach kurzer Zeit bestand die Gewissheit, dass dieser Wunsch in Erfüllung gehen würde. Dann kam der große Tag. Ein strammer Junge, 4 Kilo schwer, 54 cm lang. Alles Daten, die für die Eltern ganz besonders wichtig waren, denn sie belegen, hier wurde kein Problemkind geboren, sondern ein Erdenbürger, der vom Gewicht und seiner Größe her alle Chancen hatte, ein überwiegend freundlicher Gesprächsstoff für Großeltern, Bekannte, Freunde und Nachbarn zu werden.

„Wie soll der Jungen eigentlich heißen?“ Alle Überlegungen die die Eltern schon vor der Geburt getroffen hatten, kamen erneut auf den Prüfstand. Je länger die Suche nach einem angemessenen Vornamen dauerte, desto heftiger wurden die Diskussionen. Endlich war es so weit, das neue Familienmitglied sollte in Zukunft auf den Namen „Wolfgang“ hören.

Wolfgang verbrachte die ersten Tage mit gelegentlichen Weinanfällen, schlafend oder schmatzend an Muttis prallgefülltem Busen.

So in etwa wird es bei den meisten Neugeborenen wohl gewesen sein, aber Wolfgang entwickelte sich zur Überraschung seiner Eltern ganz anders. Man mag es kaum glauben,

Märchenhaft

Es war einmal ein junges Ehepaar, glücklich verliebt, voller Erwartung auf schöne, gemeinsame Jahre. Nichts sollte die Harmonie bei der Bewältigung des täglichen Einerleis stören. Ihr größter Wunsch zum vollendeten Seligsein war die baldige Vergrößerung der Familie durch die Geburt eines Kindes.

Schon nach kurzer Zeit bestand die Gewissheit, dass dieser Wunsch in Erfüllung gehen würde. Dann kam der große Tag. Ein strammer Junge, 4 Kilo schwer, 54 cm lang. Alles Daten, die für die Eltern ganz besonders wichtig waren, denn sie belegen, hier wurde kein Problemkind geboren, sondern ein Erdenbürger, der vom Gewicht und seiner Größe her alle Chancen hatte, ein unbezwingend freundlicher Gesprächsstoff für Großeltern, Bekannte, Freunde und Nachbarn zu werden.

„Wie soll der Jungen eigentlich heißen?" Alle Überlegungen die die Eltern schon vor der Geburt getroffen hatten, kamen erneut auf den Prüfstand. Je länger die Suche nach einem angemessenen Vornamen dauerte, desto heftiger wurden die Diskussionen. Endlich war es so weit, das unser Familienmitglied sollte in Zukunft auf den Namen „Wolfgang" hören.

Wolfgang verbrachte die ersten Tage mit gelegentlichen Weinanfällen, schlafend oder schmatzend an Muttis prallgefüllten Busen.

So in etwa wird es bei den meisten Neugeborenen wohl gewesen sein, aber Wolfgang entwickelte sich zur Überraschung seiner Eltern ganz anders. Man mag es kaum glauben,

nach den ersten zwei Wochen konnte er gut verständlich sprechen und sein Interesse an den Geschehnissen seiner Umwelt war fast unheimlich.

Eines Morgens überraschte er seine Mutti mit der Bitte, sie möge doch umgehend das Fernsehen anstellen. Es wäre jetzt an der Zeit die neuesten Nachrichten zu hören. Seiner Mutti fuhr ein gehöriger Schreck durch die Glieder. Das konnte doch nicht mit rechten Dingen zugehen. Baby – Fernsehen – Nachrichten? Das kann ja noch lustig werden. Das Zögern passte Wolfgang überhaupt nicht und lautstark forderte er seine Mutti abermals auf, das Fernsehen endlich anzustellen. „Die Nachrichten laufen doch schon". Und so war es dann auch. Die Unglücksnachrichten, mit denen die meisten aktuellen Sendungen beginnen, waren vorbei und es folgte ein Bericht vom Deutschen Bundestag. Der Finanzminister erläuterte gerade seinen Haushaltsentwurf. Mit ernster Miene musste er eingestehen, dass durch die weltweite Finanzkrise alle gut gemeinten Prognosen über den Haufen geworfen sind. Statt reduzierter Neuverschuldung muss er nun genau von der gegensätzlichen Entwicklung des Staatshaushaltes berichten. Nicht weniger Schulden, sondern eine unglaubliche Aufblähung der Kreditaufnahme ist von Nöten, um den weltweiten Gau der Bankenwelt zu vermeiden. Die geplante Reduzierung der Pro-Kopf-Verschuldung von ca. 21.000 € ist vorerst nicht zu erreichen. Sie dürfte in der Zukunft noch erheblich ansteigen.

Klein-Wolfgang verfolgte gespannt die Ausführungen. „Mami, Mami stimmt denn das mit Schulden? Das kann ich einfach nicht glauben. Du hast mich unter qualvollen Schmerzen geboren, ich liege hier im Bettchen, tue nichts Böses und trotzdem habe ich einen Berg von Schulden. Ich dachte, ihr habt euch auf mein Kommen gefreut und in Wirklichkeit seid ihr über beide Ohren verschuldet. Also ich für meinen Teil kann mir nicht vorstellen,

nach den ersten zwei Wochen konnte er gut ver=
ständlich sprechen und sein Interesse an den Geschehnissen seiner Umwelt war fast unheimlich.

Eines Morgens überraschte er seine Mutti mit der Bitte, sie möge doch umgehend das Fernsehen anstellen. Es wären jetzt an der Zeit die neuesten Nachrichten zu hören. Seiner Mutti fuhr ein gehöriger Schreck durch die Glieder. Das konnte doch nicht mit rechten Dingen zugehen. Baby | Fernsehen | Nachrichten? Das kann ja noch lustig werden. Das Zögern passte Wolfgang überhaupt nicht und lautstark forderte er seine Mutti abermals auf, das Fernsehen endlich anzustellen. „Die Nachrichten laufen doch schon". Und so war es dann auch. Die Unglücksnachrichten, mit denen die meisten aktuellen Sendungen beginnen, waren vorbei und es folgte ein Bericht vom Deutschen Bundestag. Der Finanzminister erläuterte gerade seinen Haushaltsentwurf. Mit ernster Miene musste er eingestehen, dass durch die weltweite Finanzkrise alle gut gemeinten Prognosen über den Haufen geworfen sind. Statt reduzierter Neuverschuldung muss er nun genau von der gegensätzlichen Entwicklung des Staatshaushalts berichten. Nicht weniger Schulden, sondern eine unglaubliche Aufblähung der Kreditaufnahme ist von Nöten, um den weltweiten Gau der Bankenwelt zu verhindern. Die geplante Reduzierung der Pro=Kopf=Verschuldung von ca. 21.000 EUR ist vorerst nicht zu erreichen. Sie dürfte in der Zukunft noch erheblich ansteigen.

Klein=Wolfgang verfolgte gespannt die Ausführungen. „Mami, Mami stimmt denn das mit Schulden? Das kann ich einfach nicht glauben. Du hast mich unter qualvollen Schmerzen geboren, ich liege hier im Bettchen, tue nichts Böses und trotzdem habe ich einen Berg von Schulden. Ich dachte, ihr habt euch auf mein Kommen gefreut und in Wirklichkeit seid ihr über beide Ohren verschuldet. Also ich für meinen Teil kann mir nicht vorstellen,

ein fröhlicher Mensch zu werden. Habt ihr so viel angespart damit ihr mich freikauft, oder müsst ihr einen Bankkredit aufnehmen". Sprach es und fing ganz fürchterlich zu weinen an. Nichts konnte zur Beruhigung beitragen. Mami vermutete zuerst ein kleines Unwohlsein, so ein Bauchkneifen, wie das bei Kleinkindern durchaus üblich ist.

Aber Klein-Wolfgang war eben kein kleines Kind mehr. Hochsensibel gegenüber den Dingen, die nun in seinem jungen Leben auf ihn zukamen. „Wie kann es möglich sein, dass wildfremde Menschen in meinem Namen Schulden gemacht haben ohne mich vorher zu fragen? Von meinen Eltern erwarte ich, dass sie nicht mehr Geld ausgeben, als sie durch Arbeit verdienen. Das soll bei den meisten Familien ja auch so üblich sein. Höchstens bei einer größeren Anschaffung könnte man eine Ausnahme erlauben. Aber danach sparen, sparen und nochmals sparen, damit das Konto wieder ausgeglichen ist. Also, eins steht fest, wenn ich groß bin, Schule und Studium mit Bravour hinter mich gebracht habe, gehe ich in die Politik und dann sollt ihr mal sehen, wie schnell ich meine Schulden und die meiner Mitbürger abbaue. Na, ja, zuerst muss ich die bestehende Entwicklung mitmachen, denn ich muss erst einen entsprechenden Einfluss in den Parteien erreichen. Wenn das geschafft ist, dann geht es los".

Wetten, Klein-Wolfgang wollte uns ein Märchen erzählen. Wenn er es je erreichen sollte einmal die Finanzen des Staates zu verwalten, hat er längst seine guten Vorsätze aus der Kindheit vergessen, so wie es Generationen vor ihm, ebenfalls taten.

Es ist doch schön zu wissen, dass in jedem Märchen ein Kern von Wahrheit liegt.

ein fröhlicher Mensch zu werden. Habt ihr so viel angespart damit ihr mich freikauft, oder müßt ihr einen Bankkredit aufnehmen". Sprach es und fing ganz fürchterlich zu weinen an. Nichts konnte zur Beruhigung beitragen.

Mami vermutete zuerst ein kleines Unwohlsein, so ein Bauchkneifen, wie das bei Kleinkindern durchaus üblich ist.

Aber Klein=Wolfgang war eben kein kleines Kind mehr. Hochsensibel gegenüber den Dingen, die nun in seinem jungen Leben auf ihn zukamen. „Wie kann es möglich sein, daß wildfremde Menschen in meinem Namen Schulden gemacht haben ohne mich vorher zu fragen? Von meinen Eltern erwarte ich, daß sie nicht mehr Geld ausgeben, als sie durch Arbeit verdienen. Das soll bei den meisten Familien ja auch so üblich sein. Höchstens bei einer großeren Anschaffung konnte man eine Ausnahme erlauben. Aber danach sparen, sparen und nochmals sparen, damit das Konto wieder ausgeglichen ist. Also, eins steht fest, wenn ich groß bin, Schule und Studium mit Bravour hinter mich gebracht habe, gehe ich in die Politik und dann sollt ihr mal sehen, wie schnell ich meine Schulden und die meiner Mitbürger abbaue. Na, ja, zuerst muß ich die bestehende Entwicklung mitmachen, denn ich muß erst einen entsprechenden Einfluß in den Parteien erreichen. Wenn das geschafft ist, dann geht es los".

Wetten, Klein=Wolfgang wollte uns ein Märchen erzählen. Wenn er es je erreichen sollte einmal die Finanzen des Staates zu verwalten, hat er längst seine guten Vorsätze aus der Kindheit vergessen, so wie es Generationen vor ihm, ebenfalls taten.

Es ist doch schön zu wissen, daß in jedem Märchen ein Kern von Wahrheit liegt.

Frühling - die Natur erwacht. Alles was trist und grau erschien, fängt an sich zu regen, die ersten Blumen, das erste zarte Grün lugt vorsichtig aus seiner Deckung. Noch traut man dem Frühlingsbeginn noch nicht so recht. Mensch und Tier werden auf geheimnisvolle Weise doch von dem Aufbruch erfasst.

Eine buntgewürfelte Anzahl von Kühen freuten sich über das frische Gras der Weidenflächen. Der Eifer, mit dem sie sich über das zarte Grün hermachen, zeugt davon, dass es ihnen schmeckt.

„Pass doch auf wo du hintrittst, Du machst unser Essen ja ganz platt" „Reg dich nicht so auf, irgendwo muss ich doch hintreten, wir können, weil wir keine Flügel haben, auch nicht fliegen. Außerdem ist die Weide so riesengroß. Ehe wir das Alles abgeknabbert haben, wächst das frische Gras an anderer Stelle ja wieder." „Aber vorsichtig sollten wir schon mit unserer Nahrungsbasis umgehen. Anderswo wären unsere Schwestern froh, solch einen reichgedeckten Tisch vorzufinden" sagte die Rotbunte mit erhobenen Ohrläppchen.

„Du hast, wie immer, so recht, aber wir leben so gleichgültig. Nicht umsonst sagt die Menschheit zu uns – dumme Kuh –„ „Eigentlich eine ziemliche Frechheit, auf der einen Seite sind wir dumme Kühe, aber uns unsere kostbare Milch abzapfen und sich daran laben, dafür sind wir gut genug. Wir können einmal einen Streik ausrufen. Mal sehen, was die Leute dann machen". „Du" sagte die braune Kuhvorarbeiterin „Lasst das lieber sein, so ein volles Euter soll erbärmlich weh tun. Aber ihr habt recht, Dummheit brauchen wir uns nicht vorwerfen lassen".

Wenn Kühe sprechen könnten!

Frühling - die Natur erwacht. Alles was trist und grau erschien, fängt an sich zu regen, die ersten Blumen, das erste zarte Grün lugt vorsichtig aus seiner Deckung. Noch traut man dem Frühlingsbeginn noch nicht so recht. Mensch und Tier werden auf geheimnisvolle Weise doch von dem Aufbruch erfasst.

Eine buntgemischte Anzahl von Kühen verteilen sich über das frische Gras der Weideflächen. Der Eifer, mit dem sie sich über das zarte Grün hermachen, zeugt davon, daß es ihnen schmeckt.

„Paß doch auf wo du hintrittst, du machst unser Essen ja ganz platt" „Reg dich nicht so auf, irgendwo muß ich doch hintreten, wir können, weil wir keine Flügel haben, auch nicht fliegen. Außerdem ist die Weide so riesengroß. Ehe wir das Alles abgeknabbert haben, wächst das frische Gras an anderer Stelle ja wieder." „Aber vorsichtig sollten wir schon mit unserer Nahrungsbasis umgehen. Anderswo wären unsere Schwestern froh, solch einen reichgedeckten Tisch vorzufinden" sagte die Rotbunte mit erhobenem Schläppchen.

„Du hast, wie immer, so recht, aber wir leben so gleichgültig. Nicht umsonst sagt die Menschheit zu uns ! dumme Kuh !„
„Eigentlich eine ziemliche Frechheit, auf der einen Seite sind wir dumme Kühe, aber uns unsere kostbare Milch abzapfen und sich daran laben, dafür sind wir gut genug. Wir können einmal einen Streik ausrufen. Mal sehen, was die Leute dann machen". „Du" sagte die braune Kuhvorarbeiterin „Lasst das lieber sein, so ein volles Euter soll erbärmlich weh tun. Aber ihr habt recht, Dummheit brauchen wir uns nicht vorwerfen lassen".

Wenn der Bauer oder die Bäuerin diese Gemeinheiten nicht lassen, dann bekommen sie beim nächsten Melken mit unserem Schwanz welche hinter die Ohren. –Strafe muss sein.

Wenn der Bauer oder die Bäuerin diese Gemeinheiten nicht lassen, dann bekommen sie beim nächsten Melken mit unserem Schwanz welche hinter die Ohren. =Strafe muß sein =.

aufgenommen im August 2015

„Der Baum des Lebens" in Barienrode (Diekholzen), oberhalb des Gemeindefriedhofs.